J. BRUNUS REDIVIVUS,

OU

TRAITÉ

DES ERREURS POPULAIRES,

Ouvrage Critique, Historique
& Philosophique,

Imité de

POMPONACE.

PREMIERE PARTIE.

MDCCLXXI.

TABLE

DES

CHAPITRES.

Avertissement. . . Pag. 1

CHAP. I. *De la pluralité des Mondes.* . . . 17

II. *Les connoissances humaines n'ont rien de certain.* ; . 32

III. *De l'existence de Dieu.* 44

IV. *Suite du même sujet. Dieu n'est pas immuable.* . . 86 .

V. On ne sçauroit concilier
la science de Dieu, sa
connoissance, & son gou-
vernement absolu, avec le
mal qui est dans le mon-
de. 96

AVERTISSEMENT.

Une des plus belles facultés de l'homme, c'est à mon gré le pouvoir qu'il a de comparer ensemble les divers événemens, pour en tirer les conséquences qui déterminent sa conduite. Disons-le en deux mots: l'homme privé de l'expérience seroit infiniment au dessous des plus vils animaux, au sens où l'on entend la vilité. De-là cette prudence qu'on voit régner dans les démarches d'une personne qui a un peu vécu, & qui est bien constituée, & de-là aussi la conduite extravagante des Enfans. Celui qui n'a pas encore vû de feu, court en riant s'y précipiter; & il doit agir ainsi, car le feu forme un spectacle brillant à ses yeux; & comme il n'a pas encore l'expérience qui nous apprend que le feu nous cause de vives douleurs, quand nous nous en approchons de trop près, il doit se promettre beaucoup de plaisir à se jetter dans le brasier.

Cette expérience, que l'imprudence des Enfans ne met que trop souvent à portée de faire, prouve invinciblement que ceux-là ont erré qui ont crû que nos sens ne nous trompoient jamais. Ils nous trompent sans contredit ; mais heureusement l'erreur où ils nous plongent n'est pas longue. Le sens de la vue nous fait appercevoir le feu, il nous fait desirer d'en approcher ; mais bientôt le sens du tact nous instruit par la douleur des qualités destructives de ce dangereux élément. Le seul cas où nos sens ne nous tromperoient pas, c'est celui où ils agiroient tous ensemble, car les uns, comme la vue, n'agissent le plus souvent que sur les substances, & les autres, comme le tact, n'operent que sur les qualités de ces substances. La vue apperçoit le feu, le tact instruit qu'il brûle.

Si nos sens sont des trompeurs, si même ils sont affectés diversement dans tous les hommes, ensorte que l'un voit rouge & vermeil ce que l'autre voit jaune par une conformation d'organes variée dans tous les Etres (1), qui pourra donc nous servir de guide ? L'expérience. C'est par elle seule que tout ce qui est com-

(1) JEAN JOUVENET, bon Peintre du dernier siècle, voyoit tous les objets d'une couleur jaune.

pris dans la classe des animaux se dirige.
C'est par elle que le cheval frappé à
diverses fois de la verge, tandis qu'on
lui enseignoit ce qu'il devoit faire, obéit
aux mêmes expressions qu'on lui répète
sans le frapper. C'est par elle aussi que
l'homme évite les écueils où il sçait que
d'autres ont fait naufrage. Il est des
animaux qui semblent sourds & insensi-
bles à la voix de l'expérience, & l'on
peut en général les diviser en deux clas-
ses. La premiere est composée des espe-
ces, telles que l'huître, qui ne peut se
mettre en mouvements & combiner ses
démarches pour échapper au mal qui la
poursuit. La seconde est formée des
animaux doués d'un mouvement vîte,
tels que sont les hommes, mais qui n'em-
ployent point leurs forces pour parer à
la douleur dont ils sont menacés. Cette
derniere espece comprend les idiots, les
insensés & les stupides, & souvent beaucoup de gens qui n'ont employé leur
esprit qu'à connoître ce qui ne les regardoit pas. Ceux des humains qui sont
tombés dans cette insensibilité par rapport à l'expérience, sont des Etres dignes à la fois du plus grand mépris &
de la plus grande pitié.

IL ne faut qu'un peu de bonne foi

pour convenir que l'expérience eft le feul guide auquel nous puiffions nous confier. Sans l'expérience des chofes que nous voulons traiter, nous ne faifons que balbutier; de-là cette foule d'erreurs qu'on voit régner dans les ouvrages de Métaphyfique. Celui qui traite des prétendus fujets qu'il croit voir hors de la nature, eft affez femblable à un Enfant qui bégaye les mots d'amitié, d'amour, de refpect, de devoir, &c. fans aucune connoiffance de la valeur de ces termes. L'un raifonne d'après les préjugés de fes Peres ou les fiens; l'autre répete des mots qu'il tient de fon Précepteur. Si tous les hommes vouloient employer leurs lumieres naturelles, la feule lecture des ouvrages myftiques fur Dieu, l'ame, & les dogmes en général, fuffiroit pour leur démontrer le faux de toutes ces vaines hypothèfes que la paffion a formées. Qu'on examine les livres dont je parle, on verra avec étonnement qu'on n'a pas fait affez d'attention fur les termes des démonftrations qu'ils donnent: ils roulent tous fur la maniere dont la chofe peut être, & jamais fur celle dont elle eft.

CE vice effentiel capable d'anéantir tout ouvrage autre qu'un ouvrage mystique, vient de ce que les Auteurs religieux n'ont point écrit d'après l'expérience. Ces descriptions gigantesques & variées du Paradis & de l'Enfer, viennent de ce que leurs Auteurs n'avoient pour s'en former l'idée d'autres secours que celui de leur imagination échauffée. On donne le plan exact d'une ville, on crayonne le portrait ressemblant de l'Empereur ; l'effigie du souverain Etre & la carte du ciel nous manquent, & vraisemblablement nous en serons privés à jamais.

DÈS que nous abandonnons le guide de l'expérience, nous nous égarons : cependant l'expérience elle-même n'est pas infaillible. Mais comme nous n'en connoissons pas de plus certain, il faut nous y tenir. Il est à présumer d'ailleurs que sans les entraves qu'on a données à l'expérience dans presque tous les siècles, les hommes en auroient fait un usage & meilleur & plus certain. Dans tous les temps connus les Religions l'ont regardée comme un obstacle invincible à l'empire tyrannique qu'elles se proposoient d'usurper sur les hommes. Sans remonter au delà des siècles que nous connoissons, nous voyons dans les livres sacrés des Hébreux un Moyse, Légis-

lateur cruel, mais fameux Politique, ordonner de fang froid la mort tantôt de
quatre mille, tantôt de fix mille hommes. Quel étoit leur crime ? Ils avoient
voulu fe fervir de l'expérience. Quel
fupplice cet inflexible ami de Dieu
n'eût-il pas décerné contre un Ifraëlite
qui auroit eû affez de front pour montrer aux Juifs affemblés que l'eau qui
fortit du rocher que Moyfe frappa de
fa Verge, étoit une fource naturelle ?
C'eût été bien pis, fi ce même Ifraëlite, guidé par l'expérience, eût fait for-
tir de l'eau de quelque autre roche après
l'avoir fait ouvrir. La famille d'Aaron
n'auroit pas manqué d'écrire fur les rou-
leaux que ce Phyficien étoit Aftharoth
ou au moins l'un de fes parens.

CHAQUE fiècle nous a fourni de fem-
blables exemples ; & il n'étoit gueres
poffible que cela fût autrement, la durée
& le pouvoir d'une Religion n'étant fondés que fur l'aveuglement des peuples.
Dans les fiècles où l'ignorance & la barba-
rie ont régné, les Prêtres, comme le refte
des hommes, étoient ignorans & barbares.
Uniquement occupés du foin d'aggrandir
leur fortune & leur puiffance, ils étoient
bien éloignés de s'appliquer à la Philofophie : les lumieres qu'ils auroient ac-

quifes auroient pû par réflet éclairer les hommes; & le grand jour eft trop fatal à tout fyftême de Religion.

CEPENDANT à mefure qu'on avançoit, l'efprit philofophique fermentoit. Il acquit par une fucceffion de temps un pouvoir fur les humains dont il n'auroit pas dû être privé un feul inftant dans la chaîne éternelle des fiècles. Il avoit déjà régné fans doute, & les précieux fragmens qui nous reftent des temps antérieurs au déluge de Moyfe & à fa Création, en font une preuve toujours vivante. Enfin il reprit une nouvelle naiffance après avoir été comme anéanti pendant près de cinq mille ans chez une foule de Nations.

LES Prêtres ont toujours eû la fureur de paffer pour des hommes extraordinaires & incapables d'errer. Dans les temps barbares ils avoient décidé hardiment fur un nombre de points qu'ils ignoroient abfolument. La lumiére perça les ténèbres, on fit des découvertes, on les révéla : l'infaillibilité du Sacerdoce fe trouva en compromis avec l'expérience. Celle-ci démontra; celui-là fe contenta de foutenir qu'il n'avoit pu fe tromper. Pour accréditer les vieilles erreurs les Miniftres de Dieu fe crurent

en droit d'exercer la violence contre
quiconque oferoit les attaquer. Ils s'é-
rigerent un tribunal de fang où la raifon & l'expérience furent traitées en
criminelles. Il eft même furprenant
que les hommes aidés des feules forces
de la nature, aient pû furmonter les
obftacles, invincibles en apparence,
qu'ils rencontrerent fur leur chemin.
S'il eft des Martyrs, ce font ceux-là
que les Prêtres ont condamnés comme
Novateurs. Avant qu'on eût découvert
le Nouveau-Monde, on étoit dans la
ferme croyance qu'il n'y avoit que de
l'eau au delà de notre Continent; & l'on
ne feroit jamais parvenu à trouver ces
vaftes Empires, ces terres d'une immenfe étendue, ces peuples nombreux,
fi l'on n'eût fecoué l'ancienne fuperfti-
tion qui regardoit les Colonnes d'Her-
cule comme les limites de la navigation.
La Divinité, difoient les Anciens, a dé-
fendu de paffer outre. Ils avoient même gravé fur ces Colonnes l'arrêt du
Ciel *non plus ultrà*.

Les Prêtres en perfécutant ceux qui
s'appliquoient aux découvertes, fe mon-
troient les ennemis du genre humain;
mais pour pallier leur violence, ils ne
manquerent pas de confondre la Philo-

fophie avec la prétendue science qu'ils
appellent Théologie. Ils répandirent
tout ce qu'ils purent d'odieux fur le nom
de Novateur, & le décernerent indis-
tinctement à tous ceux qui firent paroître quelque fentiment nouveau. Pour
mériter des fupplices à leurs yeux, il
ne fallut pas parler ouvertement en faveur de la nature; il fuffit de n'en pas
paroître l'ennemi; & l'Eglife a condamné tel homme au feu parce que dans fon
Livre il s'étoit trouvé un ou deux paffa-
ges d'où l'on pouvoit tirer quelque in-
duction éloignée, mais favorable à la
matérialité.

La Religion Chrétienne, par une
pétition de principe bien frappante, a
longtemps admis la Philofophie d'Aris-
tote, comme la meilleure : cependant
quelles conféquences utiles au Matéria-
lifme ne pourroit-on pas tirer de la *matiere premiere & unique, & des élémens
transmuables les uns dans les autres*, & par
conféquent indeftructibles, de ce Philofophe? On n'a peut-être jamais remarqué d'où provenoit l'eftime de la Religion pour la Philofophie d'Ariftote :
c'eft qu'Ariftote a fondé toute fa Phyfique fur la Logique & fur le calcul ra-

tionel (2), & jamais fur l'expérience : en-
forte que les ouvrages de ce Philofophe
étoient un bouclier que la Religion op-
pofoit à tous ceux qui travailloient d'a-
près l'expérience.

LORSQU'ELLE fe vit obligée d'abandonner certaines branches de la Philofophie qu'elle avoit admifes, parce qu'on
l'y contraignoit par l'expérience, elle
eut recours aux fupplices pour maintenir ce qu'il lui en reftoit. Une fois ce
parti rigoureux pris, il ne fut plus libre de penfer autrement qu'on avoit pen-
fé autrefois, c'eft-à-dire, d'avoir d'au-

---

(2) Le célèbre Bacon, fe plaignant de l'humeur altiere de quelques Philofophes Mathémati-
ciens, qui veulent l'emporter fur la Phyfique, dit :
,, Je ne fçai par quel deftin il arrive que les
,, Mathématiques & la Logique, qui ne de-
,, vroient être que les Servantes de la Phyfi-
,, que, prétendent la primauté fur elle, & fe
,, vantent d'être plus certaines qu'elle n'eft.
,, En effet leur certitude ne dépend que de cet-
,, te fcience ; car les images ne feront pas plus
,, certaines que les chofes mêmes. Si l'on ne
,, tient pas que la Philofophie naturelle foit fi
,, affurée que la Mathématique, cela s'entend
,, en quelques parties qui n'ont pas encore été
,, expérimentées car ; dès qu'elles le font, qu'y
,, a-t-il à dire ?'' Voyez De l'accroiffement des
fciences, Livre 3.

tres sentimens philosophiques que ceux
de l'Eglise. Le premier Sçavant qui
fut l'objet de la rage des Prêtres, fut
Jérôme Cardan, fameux Médecin Mila-
nois. Ce Philosophe ne reconnut que
trois Elémens, l'air, l'eau & la terre;
& prétendit que le feu placé, selon les
Anciens, sous le ciel de la Lune n'existoit pas. L'origine de ce feu étoit, disoit-
on, l'effet du froissement des corps qui
se meuvent dans l'univers. *Cardan* ob-
jecta tout simplement qu'il n'étoit pas
sûr de déterminer que le mouvement
rapide des corps quelconques produisît
du feu, puisque les fleuves les plus ra-
pides conservent leurs eaux dans le plus
grande dégré de froideur. *Cardan* en
continuant de philosopher s'avisa d'a-
vancer qu'il lui paroissoit peu raisonnable de soutenir qu'il y avoit quatre Elémens dans le monde, à raison des 4.
humeurs qu'on suppose dans les animaux;
il n'en fallut pas davantage pour exciter
le cri de l'Eglise. En vain il donna
pour garant de sa proposition *Thrusianus*,
Interprête de *Galien*, qui ne comptoit
que trois humeurs dans l'animal. Il fut
déclaré impie & son Livre de *la Subtili-
té* hérétique. On lui apprit même qu'il
étoit Matérialiste; ce qu'il ne sçavoit

pas. Je voudrois bien fçavoir quel jugement porteroit un Sauvage inftruit des
termes, fur des Prêtres qui condamnent
un Médecin, grand Anatomifte, parce
qu'il foutient que fes confreres font dans
l'erreur fur le nombre des humeurs qu'il
y a dans le corps humain. Cependant
Jérôme Cardan en fut quitte pour voir
fes livres flétris & pour être fortement
foupçonné d'adhérer à la matérialité de
l'ame, de laquelle il ne dit pas un mot.

La France, quoique moins efclave
des préjugés, n'a pas laiffé que d'y
facrifier. Le fameux *Pierre La Ra-
mée*, vulgairement appellé *Ramus*,
commença de paroître fous le régne de
Henri II. Homme d'un génie vafte
& doué des plus belles connoiffances,
il ne put voir fans indignation le hon-
teux afferviffement où étoit fa nation
par rapport aux anciens fentimens. Il
chercha en tout genre à donner de
l'ordre & de la clarté aux matieres.
L'Univerfité de Paris ne manqua pas
de le taxer d'innovation. Les clameurs
de cette Société firent tant d'effet fur
le bas Peuple que le jour de Saint
Barthélemi *Ramus* fe vit percer dans
fon lit par des affaffins, qui lui dénon-
cerent que fon impiété étoit la caufe

de fa mort. Son crime en effet étoit d'avoir voulu éclairer fes contemporains.

Sous le Pontificat d'*Urbain VIII.* l'Eglife préfenta au monde une fcene des plus intéreffantes. Un travailleur infatigable, un Philofophe accompli pour fon fiècle, remit en vigueur le fyftême de *Copernic* fur le monde. Il foutint le Soleil immobile au centre, & fit mouvoir la Terre, & après avoir déterminé la figure de la Terre, dit nettement qu'il y avoit des Antipodes. *Galilée* n'avoit pas tort, & des expériences répétées l'ont prouvé. Mais ce Philofophe détruifoit l'Ancien Teftament, en foutenant le Soleil fixe au centre, & le Nouveau qui affure que l'Evangile eft prêché à tous, en annonçant des climats alors ignorés. Une affemblée de Prêtres du Seigneur le cita, & l'accufa d'athéifme parce qu'il nioit le *Sta Sol* de *Jofué*, & d'héréfie parce que la fuppofition des Antipodes donnoit atteinte à l'univerfalité de la connoiffance de l'Evangile ; & fon grand âge ne l'eût point fauvé des flammes, s'il n'eût pris le parti de demander pardon à Dieu d'avoir dit la vérité, & fait ferment fur l'Evangile de reconnoître à l'avenir la Terre pour im-

mobile, & habitée feulement fur un de
fes côtés. Qu'on ne aife pas que ce ne
fut que pour la bonne difcipline que l'Inquifition de Rome cita *Galilée*. *Virgile*,
Evêque de Saltzbourg, penfa être privé
de fon Eglife & dégradé du miniftere
pour avoir fuivi cette opinion; & ce
ne fut pas une Inquifition qui le perfé-
cuta, ce fut le corps de l'Eglife, parce qu'en effet cette hypothèfe bien
démontrée comme elle l'eft, prouve invinciblement la fauffeté de la Réligion.

L'OPINION du mouvement de la
Terre conduit droit à celle de la pluralité des Mondes. Il n'y a point de
doute que le premier de ces fentimens fait naître l'autre. D'où réfulte
encore l'infinité & l'éternité du monde. La Terre fe meut, & n'eft point
au centre; d'autres globes de même
nature qu'elle, fe meuvent auffi; on
en infere que ces globes font en
auffi grand nombre qu'il en peut tenir
des extrêmités de la circonférence au
centre. Or ces extrêmités font à une
diftance infinie du centre: la conféquence eft facile à tirer. Perfonne n'a
foutenu cette hypothèfe plus hardiment, & ne l'a prouvée d'une façon
plus diftincte, que *Jordan Brun*, fous

le nom duquel nous écrivons. Tout le monde sçait quelle fut sa fin, & qu'il périt à Rome au milieu des flammes, accusé & non convaincu d'athéisme. Si l'on en croit le Pere *Mersenne*, *Jordan Brun* étoit un docteur d'impiété. Mais comme les ouvrages de ce Poëte-Philosophe ne se trouvent plus, je ferai plaisir à mon Lecteur de lui donner une idée de ces impiétés prétendues qui l'ont conduit au bucher. Par-là, je le mettrai à portée de juger si le Moine *Mersenne* est un ignorant qui n'a pas entendu *Jordan Brun*, ou s'il est un méchant homme qui pour pallier la cruauté de son Eglise, n'a pas craint d'insulter à la mémoire d'un grand homme, péri malheureusement. Cet exposé fera la matiere de mon premier Chapitre.

TANDIS que l'Eglise exerçoit ses fureurs sur les Auteurs de certains sentimens, sur lesquels il semble qu'elle n'a point droit de prononcer, les Jurisdictions séculieres, enyvrées du même esprit, livroient au feu tous ceux qui en appelloient à l'expérience. Le malheureux *Jules-César Vanini* ramasse dans des Dialogues philosophiques tout ce que *Cardan*, *Scaliger* & d'autres avoient dit sur la Physique ; il joint à cette compilation les expériences vraies ou douteuses

qu'il avoit faites ; par Arrêt du Parlement
de Thoulouse, il est condamné à être
brûlé comme un impie.

UNE chose bien digne de remarque c'est
que les plus grandes fureurs des Prêtres se
tournent toujours sur l'expérience. L'attente seule d'une démonstration de Physique peut les exciter à la perte du plus
vertueux des hommes qui en est l'Auteur.
Cette vigilante attention qu'ils portent
sur la premiere des sciences, vient de ce
que jusqu'à présent les découvertes qu'elle a faites ont toutes porté coup aux deux
systêmes de Religion reçus des Juifs &
des Chrétiens. Je suis sûr que si Rome
vouloit s'expliquer de bonne foi, elle con-
fesseroit qu'elle eût mieux aimé que tous
les habitans du Nouveau-Monde fussent
damnés à tous les Diables, qu'on en ait
fait la découverte. En effet on ne peut
pardonner à Jésus-Christ de n'avoir pas
fait mention de cette vaste partie de l'univers dans les départemens qu'il a donnés
à ses Apôtres. Les Sauvages d'Améri-
que ne sont ni Juifs, ni Gentils ; mais ils
méritoient bien que le fils de Dieu leur dé-
léguât un Disciple au moins ; & cette in-
attention est bien fâcheuse pour ceux qui
sont morts entre le temps de la venue de
Jésus-Christ & celui où la découverte de
leurs terres fut faite. CHA-

CHAPITRE I.

De la pluralité des Mondes.

S'IL eſt un ſyſtême qui faſſe honneur
à la Divinité, c'eſt celui de la pluralité des Mondes: cependant on n'a pas
ceſſé de perſécuter ceux qui l'ont ad-
miſe; & l'intérêt & la paſſion n'ont jamais manqué d'imputer des crimes aux
Philoſophes qui ont fait quelques efforts
pour l'établir. Ce fut pour un ſembla-
ble forfait que *Jordan Brun* perdit la
vie au milieu des flammes; car le reproche d'athéiſme & d'impiété qu'on
lui fait n'eſt fondé que ſur de vains ſoup-
çons. Cet Auteur avoit fait quelques
ouvrages ſur l'art de *Raymond Lulle* &
ſur la mémoire artificielle. Il compoſa
enſuite quelques petits Poëmes auxquels
il fit lui-même des Commentaires. Ils
rouloient ſur des queſtions de Mathématique, de Phyſique & d'Aſtrologie. Son
premier *de minimo*, traite des atômes &
de leur exiſtence; celui qui ſuit ne parle que de la diviſion, de l'augmentation
& de la meſure des corps, & eſt par-

(*b*)

femé de propofitions géométriques; il a
pour titre *de menfurâ & figurâ.* Enfin
vient le troifieme Poëme, *de immenfo &*
innumerabilibus feu de Univerfo & Mundis.
C'eft là que *Jordan Brun* dit non d'un
ton affirmatif, mais en forme de propofition feulement, que le Ciel eft un
champ infini où des Globes innombra-
bles font foutenus fur leur propre poids,
les uns fe tournant feulement fur leur
centre, ou même étant immobiles, &
les autres faifant leurs cours autour d'eux.
Il ajoute que tous ces globes étant des
membres de l'Univers, demeurent fans
peine & fans contrainte en leur place
fans y être à charge; de même que les
membres du corps d'un animal ne font
point lourds au tronc. De ce que tout
l'univers eft égal puifqu'étant infini le
centre fe trouve par-tout, il en conclud
qu'il n'eft point de parties fupérieures ni
inférieures dans la nature : que les globes lumineux font autant de Soleils, &
les globes obfcurs autant de Terres fem-
blables à la notre. Il prétend qu'il n'eft
aucune Etoile qui ne foit un Soleil (cela
s'entend des étoiles fixes) & que fi celui qui nous éclaire étoit auffi éloigné il
nous paroîtroit auffi petit : qu'il y a plufieurs Terres qui font leur cours autour

de ces divers Soleils, comme font autour de notre Soleil & la Terre que nous habitons & les Planetes qui font de même nature qu'elle. *Jordan Brun* donne une raifon très-valable de ce que nous voyons bien les Soleils fans nombre qui fe trouvent dans l'univers, mais que nous n'appercevons pas les Terres qu'ils échauffent, éclairent & fertilifent : c'eft que celles-ci font très-opaques, & fombres par conféquent. Or il eft démontré par ce que nous fçavons de la grandeur apparente du Soleil & de fa grandeur réelle, qu'un homme dans cet aftre n'appercevroit la Terre où nous fommes que comme un point, fuppofé qu'il l'apperçût, aidé du meilleur télefcope qu'on ait jamais fait.

MAIS paffons à l'endroit de ce troifieme Poëme qui a fait brûler *Jordan Brun*, & voyons quel fophifme l'Eglife a pû employer pour le taxer d'athéifme. Pour prouver que l'univers étant infini, il doit y avoir un nombre infini de globes qui le rempliffent, notre Philofophe allegue que Dieu ayant pû faire un bien infini en créant une infinité de Mondes, comme il auroit fait un bien fini en en créant un feul, il ne faut pas penfer qu'il s'en foit tenu là. D'ailleurs., dit le Poëte-Philofophe, il n'y a point de répugnance de la part de la matiere, qui fe peut accroître infiniment comme on le voit aux femences des végétaux & des animaux, qui produifent à l'infini.

POUR juftifier d'un feul mot *Jordan Brun* & montrer l'inhumanité de l'Eglife à fon égard, il fuffiroit, ce me femble, de faire remarquer que cet Auteur écrivoit en vers, & qu'il eft de ce genre d'écrire d'employer la fable & le menfonge, un Poëte n'étant aftraint qu'à la vraifemblance feulement. Mais allons plus loin. Le fyftême de la pluralité des Mondes eft-il fi révoltant que les Prêtres le penfent? Depuis que livrés à l'expérience nous nous fommes appliqués à nous connoître & à connoître ce qui nous environne, nous fommes parvenus à nous démontrer que le Soleil qui nous éclaire, placé au centre de notre univers, ne fe meut que fur lui-même, tandis que le globe que nous habitons tourne autour de lui. Plus loin nous appercevons des corps lumineux fixes, & autour d'eux des corps errans & ténébreux par certains côtés; ne fommes-nous pas portés à en conclure que fous la croute elliptique des Cieux,

le même fyftême que le notre eft répété
une infinité de fois ? Mais fi ce fyftême
eft répété une infinité de fois, fi dans
chaque efpace fuffifant de la nature il y
a un Soleil & des Terres, que penfer de
la fageffe de Dieu, fi ayant, pour un
bien fans doute, peuplé d'animaux notre Terre, il a laiffé toutes les autres dé-
fertes ? Il paroît bien plus digne de fa
puiffance d'avoir occupé tous ces vaftes
orbes qu'il a pris la peine d'arranger.
Non feulement la pluralité des Mondes,
mais l'éternité de la matiere même n'in-
duit pas à l'athéifme. Eft-il plus fin-
gulier que Dieu ait créé la matiere de
toute éternité, que d'avoir engendré fon
fils de toute éternité ? Non, fans doute. Je dis plus : la création du monde,
felon les Hébreux, ne donne pas une
fi belle idée de la Divinité. Car à quoi
s'occupe-t-elle pendant tout le temps
qui s'écoule depuis le premier terme de
l'éternité jufqu'au moment de la création ? Couvoit-elle les germes des Etres,
ou bien attendoit-elle que les temps
prefcrits par les deftins fuffent expirés ?

QUANT au fentiment qui admet la
pluralité des Mondes, outre que la vérité ou la fauffeté de cette hypothèfe
eft abfolument indifférente, puifque les

diſtances qu'il y a de l'un à l'autre de ces mondes poſſibles, ſont trop étendues pour qu'ils puiſſent jamais avoir aucun commerce enſemble ; il ne paroît pas qu'on puiſſe faire un crime à un homme de le ſoutenir. *Jordan Brun* n'a point été novateur en admettant la poſſibilité de pluſieurs mondes. Une foule d'Auteurs avant lui avoient été de ſon opinion, comme Plutarque & Diogene Laërce. Dans le ſein du Chriſtianiſme même les Phyſiciens modernes n'ont pas celé que le monde eſt infini ; & il s'en faut peu qu'ils ne diſent qu'il eſt infini en durée comme en puiſſance. Les plus circonſpects d'entre eux ne parlent ni de ſon origine ni de ſa fin. Semblables à ce ſçavant Italien, à qui quelqu'un ayant demandé ſi le monde étoit éternel & ce qu'il penſoit de ſa durée, il répondit : s'il n'eſt pas éternel, du moins eſt-il bien vieux. Ces mêmes Phyſiciens avouent qu'il eſt abſurde de croire que Dieu ait formé un nombre innombrable de globes ſemblables au notre, ſans autre deſſein que de les laiſſer errer dans l'immenſité. D'où l'on infere qu'ils les croyent habités. Au reſte dans le ſyſtême de la pluralité des Mondes, rien ne répugne au nouveau fyftême, je veux dire au Chriftianifme ; & le docte *Kepler* dans fon Livre intitulé : *Somnium Johannis Keppleri, five opus pofthumum, de Aftronomiâ Lunari*, a démontré par des vérités aftronomiques que la Lune étoit habitée. Il a plus fait ; il a nommé quelles efpeces d'animaux pouvoient demeurer dans ce globe, relativement à fa température. On n'a point fait le procès à *Képler* ; on a fait brûler *Jordan Brun*. D'où vient cette diverfité de façons d'agir ? C'eft que *Képler* vivoit dans un pays libre & que *Jordan* demeuroit en Italie. S'il fût refté en Allemagne, il n'eût point effuyé toute la fureur des Prêtres. L'Eglife ne lui pardonna jamais fon petit ouvrage *de la déroute de la Bête triomphante*. Cette fatire ingénieufe où une planete qui avoit voulu ufurper l'empire fur les autres, eft enfin précipitée & fon orbe renverfé, défignoit allégoriquement le Pape & la Cour Romaine, fubjugués par les Puiffances féculieres éclairées du flambeau de la raifon. Perfonne n'étoit nommé dans ce livre ; mais Rome s'y reconnut. Comme on ne fçauroit condamner au feu pour une allégorie, qui peut s'appliquer à nombre de fujets di-

vers, on punit dans l'Auteur *de minimo*
& *de mensurâ* l'Auteur d'*Il spaccio della
Bestia triomfante.*

LES Docteurs Chrétiens, pour justifier leur cruauté envers les Philosophes
Auteurs de quelques découvertes, ont
prétendu que le système de la pluralité
des Mondes détruisoit de fond en com-
ble celui du péché originel, & celui
de la Rédemption par conséquent. Mais
ils se sont lourdement trompés. On peut
ajuster, s'ils veulent y consentir, tous les
systêmes philosophiques par rapport au
monde, avec leur systême religieux.
Nous l'allons voir.

1°. LES Philosophes qui soutiennent
l'éternité de la matiere, ne soutiennent
pas en même temps l'éternité de l'arrangement actuel. Tous au contraire
disent qu'il est nécessaire qu'il y ait eu
bien des révolutions avant que l'univers
& les corps qui le composent ayent pris
leur équilibre. Leur sentiment sur l'é-
ternité de la matiere, ne tombe que sur
la masse générale de cette même matiere. Par exemple, en supposant que
la masse générale fut dans le premier
terme une espece de bouillie, il a fallu
un espace immense de temps pour que
cette masse se reposât & se clarifiât

Pendant que cette maſſe repoſoit, les parties les plus groſſieres, chaſſées par le feu, ont dû s'éloigner du centre & former la croute elliptique & immenſe en épaiſſeur, qui forme ce qu'on appelle le Ciel. Ce qui reſta après que la coque de l'univers fut faite, forma tous les corps opaques, tels que notre Terre, notre Lune &c. & les autres Terres & les autres Lunes &c. Si ces parties groſſieres ſe ſont trouvées de peſanteur inégale après leur réunion en diverſes maſſes, comme il ſemble que cela a dû arriver, il eſt démontré qu'elles n'ont pû prendre leur équilibre, qu'après une multitude de mouvemens divers, mais toujours tendans vers l'extrémité de la croute à raiſon de leur poids. Le feu qui exiſtoit dans la maſſe générale & qui la faiſoit fermenter, a dû ſe retirer à meſure qu'il a eu plus de liberté de le faire vers le centre. Auſſi nos meilleurs Aſtronomes y placent-ils le Soleil de notre Univers. Cependant comme les parties groſſieres ſe ſont détachées du tout en maſſes conſidérables, il ne répugne point de penſer qu'elles ont conſervé dans leur milieu une très-grande quantité de feu premier. Dans la ſuite des temps ce feu

ayant pris force, par la faculté qu'il a
de tourner en fa propre fubftance tout
ce qui eft auprès de lui, il a fait rom-
pre les globes qui le contenoient, qui
s'en font éloignés à une certaine diftance, affez bien ménagée pour qu'ils en
foient échauffés & éclairés, fans courir
rifque d'être confumés par fon action.

JUSQU'ICI rien n'exclud l'idée d'un
Dieu, & les divers globes qu'on admet,
ayant pû avoir pris leur affiette les uns
plus tôt, les autres plus tard, on peut
par complaifance fuppofer que ce globe-
ci n'a été arrangé qu'au temps indiqué
par Moyfe.   Ce que je viens de dire du
monde, en fuppofant une matiere premiere liquide, peut s'appliquer également au fyftême des atômes.   Il ne s'a-
git que de changer les termes ; & nous
voilà déjà d'accord avec les Juifs & les
Chrétiens fur la création de ce monde.

2°. MAIS votre fyftême, diront les
Chrétiens & les Juifs, détruit le péché
originel.   Point du tout.   Tout ce que
Dieu a fait par rapport aux hommes, à
notre connoiffance, ne regarde précifément que les hommes de ce globe.   Il
fe peut très-bien que les Adams des divers mondes ne fe foient point compor-
tés comme le nôtre: il fe peut auffi que

tous ou plufieurs ayent péché comme
lui. Quand même il feroit auffi certain
qu'il eft douteux, qu'il y a plufieurs
mondes, il n'eft pas moins de la fageffe
de Dieu de n'en avoir point parlé aux
Hébreux ; c'eût été les embarraffer d'u-
ne foule d'obfervations qui les auroient
inutilement embrouillés. Le chef, le
Pere d'un monde défobéit aux ordres
d'un Dieu, qui lui avoit donné l'existence fous certaines conditions, qui peut-
être ne font pas les mêmes que celles
qu'il a impofées aux chefs des autres
mondes; il nous fuffit de fçavoir la faute de notre Adam, & la peine qui en
réfulte ; & la fcience de la conduite des
autres Adams nous eft d'une inutilité abfolue. C'eft ainfi que *Campanelle* & *Fan-*
tonus, l'un Dominiquain, l'autre Général des Carmes, tous deux célèbres E-
crivains qui ont entrepris la défenfe de
Galilée, fe font exprimés. Si nous con-
fidérons d'un œil attentif quel étoit le
peuple Juif, pour qui l'Ancien Teftament a été premiérement écrit, nous
verrons que fon Auteur, quel qu'il foit,
n'a parlé des chofes que de la forte dont
elles ont été vues par ce peuple. Dans
la Génèfe il eft dit que Dieu fit deux
grands luminaires, l'un pour le jour,

l'autre pour la nuit , qui font le Soleil
& la Lune. Ne diroit-on pas que ces
deux aftres font de pareille grandeur ?
Et qui ignore aujourd'hui que la Lune
eft un corps opaque, tel que la Terre,
& qui ne contient en lui-même aucune
lumiere ?

3°. Nous trouvons dans l'Ecriture-
Sainte même de grands fecours pour faire quadrer le fyftême de la pluralité des
Mondes , avec le fyftême de la Rédemption opérée par le Chrift au fentiment
des Chrétiens. Saint Paul dont les Ecrits
font dictés par le Saint - Efprit , nous
révele que Jéfus - Chrift (1) *a réconcilié
par fon fang tout ce qui étoit en la Terre
& aux Cieux* La plus fuperficielle lecture des Livres Hébraïques fuffit pour
nous convaincre que parmi la nation Jui-
ve on entendoit par le mot *Ciel* tout ce
qui eft au deffus de la terre ; & c'eft
en ce fens que St. Paul parle ; car il y
auroit de l'abfurdité à fuppofer qu'il a
entendu par ces paroles *& aux Cieux*, la
réconciliation des Anges & autres bien-
heureux Efprits avec Dieu; n'étant pas
à préfumer qu'il y ait aucune haine entre la Divinité & les Etres qu'elle fouffre habiter fa gloire.

(1) Ep. aux Col. c. 1.

CE passage de St. Paul donne à entendre que tous ou plusieurs des Adams ont péché, car la Rédemption le suppose ; & c'est peut-être en ce sens que Jésus-Christ dit à notre monde qu'il est mort pour nous & pour plusieurs. (2)

Au reste, peu nous importe qu'un seul ou plusieurs Adams ayent péché & qu'il ait fallu une rédemption à un ou à plusieurs mondes ; il suffit qu'on puisse soutenir le sentiment de leur pluralité, sans donner atteinte à la lettre des Ecritures, & en général au système religieux des Chrétiens, pour justifier *Jordan Brun* & ceux qui ont été de son opinion devant & après lui, du reproche odieux d'impiété qu'on leur a fait. Si les Ecritures que les Juifs & les Chrétiens regardent comme Divines, sont réellement telles, il suffit à un Ecrivain qu'il s'y trouve un seul passage, une seule expression qui soit favorable à son opinion pour le justifier, & le ravir aux supplices : car dans des Livres dictés par l'Esprit de Dieu, on ne sçauroit sans impiété avancer qu'il y a des termes obscurs & desquels on peut abuser. Si cela étoit, l'ouvrage de Dieu seroit susceptible des mêmes inconvé-

(2) Math. XXVI. 28.

niens que ceux des hommes ; ce qu'il eft abfurde de fuppofer.

CEPENDANT il faut en convenir, dès que l'efprit philofophique commença à reparoître fur la terre, les Prêtres en général durent être fort embarraffés fur le parti qu'ils devoient prendre. Ils eurent recours à la cruauté, parce que ce n'étoit que la crainte feule des châtimens qui pouvoit arrêter les hommes dans le cours rapide de leurs progrès vers le vrai. La découverte du vrai a toujours été la pierre d'achopement des fyftêmes de Religion ; & c'eft pour cela que les Prêtres Chrétiens qui fçavoient la caufe de la chute de leurs prédéceffeurs, ont toujours effayé d'étouffer les fciences dès le berceau. L'expérience ayant fait voir que les Auteurs des livres facrés avoient erré fur des faits notables, on a conclu la non-divinité de ces ouvrages. En allant plus loin, on a remarqué que ce fyftême du monde fi beau, en apparence fi miraculeux, n'étoit au fond qu'un arrangement néceffaire, qui ne pouvoit être autrement : & l'on a inféré de là, qu'une caufe premiere ne feroit, fi elle exiftoit, qu'une caufe oifive & inutile. Ces conféquences évidentes des principes les plus cer-

tains, ne pouvoient qu'être fatales aux
Prêtres ; & ils n'ont rien ménagé pour
en interrompre la chaine qui alloit à leur
deſtruction totale. Leur ardeur à perſécuter les Sçavans, n'a cependant pas
rallenti le zêle de ceux-ci : ils n'ont pas
laiſſé à l'erreur le temps de jouir du bé-
néfice de la proſcription. Qu'euſſent-
ils donc fait, ces Sçavans perſécutés,
s'ils euſſent vécû dans le ſiècle où nous
vivons, & où la liberté de penſer ſemble être rendue aux hommes ? Ils auroient conſacré leurs veilles à éclairer
leurs contemporains, & à diſſiper les
erreurs dans leſquelles ils ſont plongés
depuis tant de ſiècles. Un pareil zêle
m'anime & je vais comme eux entreprendre la grande tâche de ramener les
hommes à la raiſon, en leur retraçant
d'un côté l'illuſion groſſiere où ils ſont
par rapport à eux-mêmes & par rapport
à ce qui les environne ; & leur mettant
de l'autre ſous les yeux les vérités op-
poſées à leurs erreurs : leurs lumieres naturelles leur ſuffiront pour ſe défaire de
celles-ci & s'attacher ſans retour au vrai,
qui doit être l'unique objet du deſir des
hommes.

CHAPITRE II.

Les connoissances humaines n'ont rien de certain.

SEMBLABLE au reste des animaux, l'homme n'apporte en naissant qu'une disposition à connoître; & quoi qu'en disent les partisans des idées innées, l'impression que fait sur nous un objet que nous n'avons jamais vû, n'excite point en nos organes le sentiment qu'on appelle souvenir. Quelques-uns ont prétendu que les idées du bien & du mal étoient innées en nous ; mais pour détruire la preuve qu'ils rapportent, qu'un enfant pleure en sortant du ventre de sa mere, encore qu'il n'ait pas l'expérience du mal, il suffit de leur faire observer que dans quelque cas qu'un enfant pleure ou rie , c'est toujours en conséquence de l'idée de plaisir ou de douleur qu'il reçoit actuellement par la voye de l'impression que l'une ou l'autre de ces choses fait sur ses organes.

Dès que le plaisir ou la douleur cessent de se faire entendre , & qu'ils ne diri-

dirigent plus nos pas , nous courons grand risque de nous égarer. La recherche de l'un & la fuite de l'autre , font les seuls guides fideles que les hommes, & en général tous les animaux, ayent pour se conduire. Si l'on voit quelques Etres s'écarter de la route que leur prescrit le plaisir, & courir vers la douleur , qui n'a son existence que dans la privation du plaisir, c'est qu'ils prennent l'une pour l'autre , ou bien c'est qu'ils sont dans un état fâcheux auquel nous avons donné le nom d'enfance , de folie , d'imbécillité. Les seuls enfans, sans que leurs organes soient affoiblis ou dérangés , sont , après les fous , capables de préférer dans leur recherche la douleur au plaisir ; & cela parce que, comme nous venons de le remarquer, nous n'apportons en naissant qu'une disposition, qu'une puissance, qu'une habileté à connoître. Le discernement du bon & du mauvais , est le fruit de l'expérience , & l'homme ne sçauroit être appellé raisonnable que lorsqu'il a vécû.

MAIS , si les seuls guides que nous ayons pour nous conduire, sont la recherche du bien & la fuite du mal, à qui recourrons - nous , quel flambeau nous éclairera dans la route des con=

noissances qui n'intéressent pas directement notre Etre? Sera-ce le raisonnement? Non: car le bonheur & le malheur, le plaisir & la douleur sont respectifs jusqu'à un certain point; ils n'ont de réalité que lorsqu'ils sont physiques & effectifs; en sorte qu'il arrivera qu'en employant le raisonnement le plus formel pour prouver un sentiment à un autre homme, il sera très-fondé à repousser mes attaques par un autre raisonnement qu'il formera sur le modele de l'impression que lui aura faite la chose dont je lui parle. Tous les Logiciens du monde ne sçauroient prouver à un homme, tel que *Jouvenet* dont j'ai parlé déjà, qu'il existe une couleur verte, lorsqu'il voit la couleur jaune couvrir toutes les surfaces qui frappent sa vue; mais il n'est point d'homme que je ne fasse reculer en lui annonçant que s'il passe outre, une pierre va l'écraser; & cela sans raisonnement parce qu'il y va de la conservation de son Etre.

IL n'y a pas lieu d'en vouloir à la nature, de ce qu'elle a borné la certitude de nos connoissances aux choses propres à notre conservation; nous n'avons besoin de connoître certainement que les choses qui nous environnent;

puifque tout le travail d'un animal eft
borné à la recherche ou à la fuite des
objets. Dans l'état de nature c'étoit à
ces deux opérations que nos actions fe
bornoient ; l'état civil que nous avons
embraffé, nous oblige à un autre foin:
c'eft celui de réformer les objets, ou
du moins certaines qualités des objets,
qui dans la perception que nous en avons,
nous préfente un double objet de plaifir & de douleur, ou feulement l'idée
confufe de l'une & de l'autre de ces
fenfations. Je m'explique. Un homme
eft agréablement frappé par la préfence
d'une belle femme ; fon premier mouvement eft d'en defirer la jouiffance ;
mais dans l'entretien qu'il a avec elle, il
lui découvre des fentimens peu confor-
mes à ceux qu'il a ; une humeur con-
trariante, des goûts capricieux lui font
craindre d'éprouver des défagrémens dans
fa fociété : cependant il en defire la jouis-
fance. Que fera-t-il ? Il effayera de
réformer la perfonne qu'il aime ; il fait
tout pour tourner fes inclinations fur les
fiennes : mais réuffira-t-il ? Rien de plus
incertain.

1°. PARCE que les travers qu'il croit
appercevoir dans la perfonne qu'il aime,
n'en font peut-être pas de réels ; que

peut-être au contraire, ce font des qualités naturelles, effentielles à fa fubftance, & qu'elle ne pourroit les détruire
fans anéantir fon Etre. 2°. Parce que
l'opération que cet homme veut faire
fur une créature indépendante comme lui,
n'a point fous elle fon bonheur effentiel,
& que nous n'agiffons certainement que
dans les cas où il s'agit d'un plaifir ou
d'une douleur phyfique, les feules fenfations capables de nous déterminer fans
raifonnement.

DANS l'inftant même où l'homme que
nous fuppofons apperçut cette femme,
dont la préfence le flatta fi agréablement
par l'idée qu'il fe forma de fa jouiffance, quel étoit l'objet de fon bonheur?
La jouiffance de la femme qu'il voyoit:
rien de plus. En réfléchiffant, il a ajouté
à cette premiere idée celle du plaifir
qu'il goûteroit dans fa fociété, & déjà
il erre dans le jugement qu'il porte. Il
trouve un caractere contraire au fien, &
le voilà déjà malheureux: il entreprend
de refondre ce caractere fur le modele
du fien, il ne réuffit pas; furcroît de
malheur. Enfin il arrivera que pour
avoir voulu raifonner fur les acceffoires
de fon idée premiere, il fe verra privé
& de la fociété & de la jouiffance de

l'objet qui lui promettoit les plaifirs les plus parfaits, s'il s'en fût tenu à ne prendre de cet objet que ce qu'il lui en falloit pour être heureux.

QUELQUEFOIS cependant nous parvenons à réformer les objets qui nous entourent ; mais jamais cette réforme n'eſt totale ; & les changemens que nous trouvons dans les perſonnes que nous nous appliquons à cultiver font ou l'effet de l'habitude que nous prenons avec elles, ou celui d'une contrainte qui ne peut ſubſiſter qu'autant que les raiſons qui les forcent à y demeurer exiſtent.

POUR faire ceſſer un effet quelconque, il faut en connoître la cauſe. Or comment un homme ofe-t-il entreprendre d'en réformer un autre, lui qui ignore abſolument quels font les reſſorts producteurs des effets qu'il veut réprimer ? Ne diroit-on pas voir un enfant qui de fes mains débiles élevant un foible rempart de fable à l'embouchure d'un fleuve rapide, prétendroit arrêter le cours de fes eaux ?

QUAND des actions qui réfultent de notre penchant, il nous arrive plus de mal que la fatisfaction de ces penchans ne nous procure de bien préfent, nous n'avons pas befoin de précepteur : la loi

(6 3)

éternélle de la recherche du plaifir &
de la fuite de la douleur nous remet
bientôt dans le bon chemin.

Si l'on voit quelquefois des gens réuffir
dans des entreprifes indifférentes à leur
bonheur, cette réuffite eft plutôt l'effet
du hazard, c'eft-à-diré, du concours
des Etres étrangers à celui qui agit, que
l'effet de fes propres combinaifons. Et
le cas que je fuppofe eft très-rare; peut-
être même n'eft-il jamais arrivé; car
quelque contraires que foient les appa-
rences, c'eft toujours l'appât du plaifir,
ou, ce qui revient au même, la fuite
de la douleur, qui nous met en action.

Nos connoiffances étant rétrécies dans
un cercle qui n'embraffe rien au delà de
ce qui eft utile à notre propre confervation, quelle eftime devons-nous donc
faire de toutes ces hypothèfes fublimes
qui prétendent établir l'exiftence des
Etres qui font hors de la nature? Si l'on
range ces diverfes hypothèfes en différentes claffes, formées chacune des fentimens où-il fe trouve quelque confor-
mité, & qu'enfuite où demande à leurs
Auteurs & au parti qui les fuit, laquelle de ces opinions il faut fuivre; tous
vous répondront enfemble: la notre eft
la feule véritable; toutes les autres font

erronées. Cependant il ne peut pas arriver que toutes soient vraies à la fois : de leur diversité on pourroit même inférer qu'elles sont toutes fausses, & dans cette perplexité le seul parti qu'un homme raisonnable puisse prendre, c'est de douter ; car enfin le doute vaut mieux qu'une intime persuasion de la vérité du mensonge.

Mais le doute n'a d'usage que par rapport aux objets qui ne nous touchent pas. Nous ne sçaurions douter du plaisir ou de la douleur que nous ressentons. Or si en conséquence de découvertes que certains hommes prétendent avoir faites, ils veulent mettre les penchans que j'ai reçus de la nature dans une douloureuse contrainte ; si guidés par leur intérêt, ils veulent m'inspirer un joug accablant, sans m'administrer les preuves du pouvoir qu'ils ont reçu d'agir ainsi, alors je suis autorisé à regimber contre l'éguillon qui me presse. Mon doute ne rouloit que sur la cause qui ne me touchoit pas ; mais je ne peux l'appliquer à l'effet que je ressens. Alors j'en appellerai toujours aux preuves de cette cause ; & tant qu'on ne me les produira pas, je crierai à l'injustice qui me fera violence.

Nous trouvons dans l'hiftoire de France un fait bien remarquable fur ce deni des preuves. Le fçavant *Antoine Villon* ayant fait publier des Thèfes qui attaquoient les vieux préjugés, auffitôt l'Univerfité le taxa de perverfité dans fes mœurs. *Villon* ne s'émut point de cette imputation, & n'y répondit que par un défi folemnel à tous les Docteurs de Paris de difputer feul contre tous, & de donner de bonnes preuves de fes fentimens. *Nicolas de Verdun*, Premier-Préfident du Parlement de cette Capitale, dit en apprenant le défi de *Villon*: je m'en réjouis bien; cela va réveiller les vieilles Mufes de l'Univerfité qui dorment depuis longtemps. Enfin la falle fut préparée & un grand concours de monde s'y rendit pour ouïr la difpute; mais, dit *Sorel*, hiftoriographe du dernier fiècle, le Recteur & fes affeffeurs ne crurent pas qu'il leur fût avantageux de courir ce rifque; & ils eûrent tant de crédit qu'il y eut Arrêt pour empêcher la difpute, prétextant qu'elle pourroit porter préjudice à la Religion. D'après ce fait on eft tenté de croire qu'il n'y avoit dans l'Univerfité & dans le Parlement gueres d'auffi bons efprits que *Villon* & *Verdun*.

Mais dans quelle douloureuse situation se trouvent les hommes réduits à l'esclavage des sociétés? Les forces connoissantes du plus grand nombre ne les peuvent mettre à portée de connoître les objets qui par eux, ou par leurs qualités, sont utiles à leur conservation : & leur science à cet égard se bornant au seul nécessaire, se trouve enfermée dans un espace très-limité. Un petit parti existe au milieu de la société, & se vante d'avoir pénétré bien au delà de la nature, d'avoir apperçu qu'elle étoit inerte par elle-même, & d'être enfin parvenu à la connoissance de la cause qui a produit cette nature & qui la conserve.

Rien n'est plus flatteur pour l'homme que la conviction d'un principe qui a tenu longtemps contre les plus profondes recherches; & j'avoue qu'on doit une reconnoissance sans bornes à ceux qui font d'utiles découvertes. Bornés, comme je l'ai dit plus haut, à ne connoître que ce qui nous environne, nous ne souffrons qu'avec peine une ignorance, qui cependant ne nous est à charge que parce que nous nous sommes imaginés follement être ce que nous ne sommes pas. Il est dans le cœur de l'homme policé un defir de connoître, que rien ne peut affouvir ; il faut qu'il y fatisfaffe, dût-il tomber dans de perpétuelles erreurs : c'eft un befoin que n'a pas le Sauvage & que la Brute ignore : & fans doute leur principale félicité eft fondée fur l'abfence de ce befoin. Ce befoin n'eft pas dans la nature puifque l'homme qui ne reconnoît point d'autres loix que les fiennes, n'y eft pas affujetti ; & cet exemple devroit porter les plus fages d'entre les fociétés à fe décharger d'un joug qu'ils ne tiennent que du préjugé. Mais nous fommes bien loin encore de penfer comme *Platon*, qui ne craignit pas d'avancer que tout ce qui eft au deffus de nous, ne nous touche point, faifant entendre par-là que s'il s'amufoit à traiter des chofes métaphyfiques, c'étoit plutôt pour fatisfaire au goût de fa nation, que dans l'efpoir de trouver quelques vérités utiles, en fe livrant à l'étude de cette fcience.

LE premier bruit qui fe répandit dans le monde fur l'exiftence de Dieu, dut jetter l'univers dans la plus profonde perplexité. Comme les meilleures idées ne fe perfectionnent pas dès leur naiffance, il y auroit eû de la mauvaife humeur à chicaner les Auteurs de cette découverte fur la valeur des preuves qu'ils apporterent de l'exiſtence de cet Etre. Notre imagination eſt fuſceptible de certaines connoiſſances qui d'abord paroiſſent chimériques, mais que l'expérience réaliſe enſuite; & il arrive ſouvent que nous avons une ſorte de conviction de l'exiſtence de certains ſujets, avant que d'avoir trouvé des termes propres à démontrer aux autres cette même exiſtence. L'opinion de l'exiſtence de Dieu eſt trop ancienne, pour être dans ce cas. Ses partiſans ont eû tout le temps convenable pour porter à ſa perfection une hypothèſe qui ayant pour objet le bonheur de tous les hommes, ſans exception, doit être d'une ſimplicité qui ſoit telle que tous la puiſſent comprendre.

Il n'y a donc rien d'odieux dans le procédé d'un homme qui de bonne foi demande des preuves de l'exiſtence d'un Etre inconnu qu'on lui annonce. Tout l'odieux ſeroit du côté des partiſans de cette exiſtence, ſi pour toute réponſe, ils ordonnoient qu'on envoyât le curieux au ſupplice.

CHAPITRE III.

De l'existence de Dieu.

La nature est inconcevable dans ses effets, & le mystere va en augmentant à mesure qu'on veut s'approcher des causes qui les produisent. La plus vile partie de matiere en apparence, a des propriétés si nombreuses, elle est susceptible de tant de modifications, & en effet elle en acquiert de nouvelles en si prodigieuse quantité, souvent même dans un très-petit espace de temps, qu'elle est & sera toujours pour l'homme une enigme inexplicable. Cependant cet animal insatiable de nouvelles connoissances, n'ayant d'autres facultés principales que celles dont sont doués les autres animaux dont il se croit le Roi, c'est-à-dire, que celles qui sont absolument nécessaires pour sa propre conservation, se prétendit, malgré sa disette, capable de pénétrer les secrets de la nature. Il entreprit ce grand ouvrage ; & il ne manqua pas d'échouer dans son entreprise.

IL n'y a pas d'apparence que les premiers hommes qui nâquirent après le dévelopement des germes ayent tenté d'expliquer la nature. Ils n'avoient reçu d'elle que deux fentimens; la recherche du plaifir, & la fuite de la douleur : & dans l'une & l'autre de ces impreffions l'on n'apperçoit rien qui nous porte à examiner la nature des atômes, ou la fubftance des fluides dont l'univers eft peut-être compofé : les feuls mouvemens qu'elles excitent, font ceux qui nous mettent en action, foit pour nous conferver, foit pour augmenter notre bien-être. Or il n'y a aucun rapport entre la connoiffance des caufes naturelles, & la confervation ou le bien-être d'un animal quelconque.

UN long efpace de temps dut encore s'écouler entre cette époque infiniment reculée, & celle où les hommes s'aviferent de former des fyftêmes fur l'ordre de la nature, & fur les caufes de cet ordre. Il y a beaucoup d'apparence que le monde n'a pas toujours été ce qu'il eft. La nature a dû exifter longtemps fans forme; ce qui arrive aujourd'hui a dû arriver au commencement. Un germe avant que de produire fe putréfie, refte en coction pendant un cer-

tain temps dans la matrice qui lui est
propre. Ainsi les germes primordiaux
ont dû rester dans la matrice générale, & y fermenter jusqu'à ce qu'enfin,
la chaleur rassemblée ayant acquis assez
de force pour briser la coque de l'œuf
de la nature, le jour de leur existence
formelle fût arrivé.

COMME il a pu arriver que la coction
ne se fît pas également dans toutes les
parties de l'œuf, il est probable que
tous les divers Etres modifiés, tels que
nous les voyons aujourd'hui, n'ont pas
paru à la fois. Les uns étoient à terme, les autres n'y étoient pas; & il
aura peut-être fallu bien des siècles pour
donner la perfection de maturité à certains germes qui ne l'avoient reçue dans
la matrice universelle. Nous avons l'exemple de ceci dans la couvée d'une
poule. Si elle est formée d'un trop
grand nombre d'œufs, les poulets n'éclosent pas à la fois, quelques-uns retardent de plus d'un jour; & ce que la
nature formée opere en l'espace d'un
jour, a peut-être couté des milliers d'années à la nature informe; parce que
dans le mélange confus des élémens,
il doit y avoir eû contradiction d'action.

NON seulement la fermentation des

germes premiers, des premiers principes des divers Etres, a dû couter de
très-longs travaux à la mere commune;
non seulement elle a dû consumer un
grand nombre de siècles à perfection-
ner, à donner la maturité nécessaire à
l'existence, aux divers Etres qui ne
l'avoient point acquise dans son sein;
mais elle a dû encore employer un laps
de temps immense à arranger tout ce
qui lui restoit de parties grossieres après
avoir jetté les germes producteurs hors
de son sein. Ce que nous sçavons de
la distance des divers corps qui composent notre seul globe, peut nous donner une idée de l'infinité de siècles qui
ont dû s'écouler entre l'époque où l'u-
nivers a éclos, & celle où ce même
univers s'est trouvé doué d'un mouvement fixe & déterminé.

Un espace immense de temps a dû
être employé par les parties les plus
grossieres de la nature pour se rendre,
des divers parties de l'œuf général où
elles étoient répandues, aux extrémités,
& y former par le moyen des fluides
qu'elles ont entraînés avec elles, cette
croute immense & solide qu'on nomme
Firmament, dont l'énorme contour est
capable de contenir un nombre de glo-

bes, d'une grandeur incommensurable, peut-être infiniment) supérieur à tous les nombres que notre imagination peut supposer.

Aucun globe n'a pû prendre place que la croute n'ait acquis la consistance nécessaire pour les contenir. Mais quand elle eut acquis cette opacité qui la rend perdurable, quel nombre de siècles n'aura-t-il pas fallu aux divers globes pour appuyer leurs pôles, pour prendre leur assiette dans un orbe convenable ?

Les globes une fois placés, il est évident que des milliers de siècles auront encore été employés à l'arrangement des divers corps lumineux, fluides, ou opaques qui les composent. Jugeons-en par l'espace de temps qu'il faudroit à Saturne, par exemple, pour descendre jusqu'au Soleil. Encore la comparaison est-elle foible, car la gravitation & la concentration se font bien plus facilement dans un fluide épuré, qu'avant l'épuration faite.

La Terre qui n'a dû être d'abord qu'un limon dense, dilatée par la chaleur du feu central du Soleil, a exhalé de ses pores tout l'humide superflu qu'elle contenoit : l'air épais & grossier s'est dégagé des parties terrestres qui embarrassoient

raſſoient ſon reſſort par le frottement ;
& ces parties à raiſon de leur poids ont
été ſe placer aux maſſes qui leur convenoient, par les loix de l'attraction &
de la gravitation. Le feu ayant par
ſon action déchiré les parties qui le re-
tenoient, s'eſt raſſemblé au centre ; &
il y a beaucoup d'apparence que cet
élément eſt le premier qui ait formé
un corps, parce que ſa peſanteur a dû
favoriſer ſon emplacement.

On conçoit aiſément qu'il a fallu un
eſpace de temps immenſe pour faire
toutes ces opérations ; cependant il eſt
à préſumer que dès l'inſtant de la frac-
tion de l'œuf univerſel, il a exiſté des
Etres, tels peut-être que l'homme &c.
Il nous reſte encore quelques fragmens
de la haute antiquité, qui atteſtent que
dans des temps qui leur ſont antérieurs,
on avoit conſervé la mémoire de ſiècles
plus reculés encore, qui avoient été té-
moins de certains arrangemens faits dans
la nature poſtérieurement à l'arrangement primitif.

Les humains qui exiſterent des premiers
étoient trop voiſins de l'accouchement
de la nature, pour chercher hors de ſon
ſein une cauſe de leur exiſtence. Ceux
qui leur ſuccéderent, & en général tous

(d)

ceux qui vécûrent pendant le laps de temps que la nature employa à se placer d'une maniere fixe, ne durent point non plus essayer à former aucun système sur la nature de la cause de leur Etre. Deux raisons s'y opposoient. La premiere, c'est qu'ils voyoient assez souvent de nouveaux Etres éclore, à mesure que le feu par son action portoit au dernier dégré de maturité les germes qui n'avoient pû l'acquérir dans la masse générale. La seconde, c'est que les divers corps qui composoient leur globe, en s'acheminant vers leur orbe propre, ne durent pas manquer de s'entrechoquer, & par leur froissement, de faire éprouver à notre Planete des calamités sans nombre : or le mal qui résulte d'un effet ne prouve point la sagesse de la cause qui l'a produit. D'ailleur le système de l'existence d'une premiere cause, est le résultat de l'impuissance où l'on s'est trouvé d'en démêler une infinité d'autres. Ce n'a dû être qu'après avoir inutilement tenté de pénétrer la nature, qu'on a dû y avoir recours. Mais on n'a pas dû essayer de fixer le système de la nature avant qu'elle soit fixée ; car un système ne peut s'établir que sur des choses certaines, au moins en général. Or, tant que les corps qui forment notre globe ont erré, il a été impossible de réduire en système la nature & ses propriétés.

L'opinion de l'existence d'une première cause infinie en bonté & en sagesse comme en puissance, n'a pû avoir lieu chez des hommes qui étoient continuellement assaillis par les effets qui en dérivoient. Cette hypothèse doit être l'ouvrage de ceux qui sont venus après que tous les corps, qui composent notre globe, ont eû pris leur équilibre, & qu'à raison de leur poids leur course autour de leur centre & leur mouvement de rotation ont été déterminés.

Je conviens que des hommes qui n'avoient point vû la nature dans le travail de l'enfantement, & qui la trouverent dans un état semblable à-peu-près à celui où nous la voyons, durent être frappés d'une singuliere surprise. La régularité du cours des corps supérieurs à notre globe, l'harmonie qui y régne, ces productions infiniment variées qui se reproduisent continuellement, & plus que tout cela, la propre existence de l'homme, & des autres animaux, desquels l'idée du germe primitif étoit entiérement éteinte, dûrent porter les pré-

miers spectateurs de l'univers arrange à
faire une foule de réflexions diverses.
Dans ces circonstances l'homme, né
curieux, dut faire tous les efforts dont
il est capable, pour approfondir la cause de tout ce qu'il voyoit. La nature
obstinée refusoit de son côté de lui ré-
véler un secret inexplicable. Que fit
l'homme alors? Avec au moins autant
de pente à la paresse qu'il en a à la curiosité, il ne pouvoit se flater de dé-
brouiller les ressorts d'une machine des-
tituée en général de connoissance, de
sentiment & d'intelligence, & qui n'acquiert ces qualités qu'à raison des diverses configurations qu'elle reçoit, avec
autant d'indifférence que d'insensibilité.
Il travailla donc longtemps, mais en
vain. Pour se dédommager, autant qu'il
étoit en lui, des soins inutiles qu'il s'é-
toit donnés pour approfondir & pénétrer les secrets de la nature, il prit
le parti insensé de la considérer comme
un cadavre sans force ni vigueur, comme un Etre qui n'a point d'existence
propre, & qui par conséquent est in-
capable de la procurer à aucun autre
sujet; enfin il prétendit d'après les qua-
lifications qu'il donna à la nature, qu'elle n'étoit qu'un pur néant subordonné

à la volonté toute-puissante d'un autre
Etre qui l'avoit animée, en lui com-
muniquant le mouvement.

On n'avoit plus sous la main les co-
ques particulieres des divers œufs, où
les premiers germes des Etres avoient
été formés; pour les montrer, le premier homme qui étoit sorti du limon
fangeux, qui par les divers dégrés de
feu qui lui avoient été communiqués
par l'application successive des rayons du
Soleil, avoit enfin rompu sa coque,
pour voir la lumiere, n'étoit plus sur la
terre: on ne voyoit plus, où du moins
on n'y faisoit pas attention, on ne voyoit
plus, dis-je, éclore de nouveaux E-
tres; & comme si le même œuf devoit
sans cesse produire des poulets, on ju-
gea indiscrettement que, puisque la nature ne produisoit plus rien, elle n'a-
voit jamais rien produit.

Si les hommes eussent porté leurs réflexions un peu plus loin, ils auroient
compris que la réproduction des Etres
est le résultat de la digestion des alimens que prend l'animal, & de la coction qui se fait de son germe dans une
matrice adaptée; & que par conséquent
il étoit impossible que la nature eût des
accouchemens successifs, puisque dans

(d 3)

le premier, elle avoit fait la réjection totale & des germes, & des matrices de tous les Etres possibles. Si ces germes & ces matrices n'avoient pas reçu, par l'impulsion du feu, le mouvement qui leur étoit nécessaire pour se porter au lieux où croissent les alimens qui leur sont propres, le monde n'eût jamais existé. Les premiers germes fussent péris étouffés dans le limon, & si par hazard un seul homme eût existé alors, il auroit vû une multitude infinie de divers Etres, soulevant à peine la mobile matiere qui les enveloppoit, de leurs mains débiles, & succomber enfin sous le poids des douleurs causées par l'inanition.

D'AILLEURS si la nature eût retenu dans son sein, déchiré par son premier accouchement, quelques germes, & qu'elle eût continué de produire des Etres de la même maniere qu'elle avoit fait primordialement, ou le monde & sa constitution ne seroient point ce qu'ils sont, c'est-à-dire que les animaux & en général tout ce qui a vie, seroient privés du pouvoir de propager ; ou il régneroit dans l'univers les plus affreux désordres. Il y a impossibilité démontrée dans la production continuelle de la nature de la maniere qu'elle a produit en premier lieu : aveugle & infensible comme elle l'eft, c'eût toujours été au hazard qu'elle eût répandu les germes. Les animaux exiftans n'auroient pû faire un pas fans écrafer d'autres animaux poffibles ; & à coup fûr le germe d'un chêne & celui d'un éléphant, tombant à l'endroit où elle auroit pofé celui d'un homme ou d'une mouche, les auroit anéantis.

Les inventeurs du fyftême de l'exiftence d'une premiere caufe, ne firent pas ces réflexions, & piqués contre la nature qu'ils ne pouvoient pénétrer, quoiqu'elle les environnât, ils préférerent de reconnoître pour principe général un Etre dont ils ignoroient jufqu'au nom, plutôt que de fe regarder comme enfans de la nature.

L'amour propre eut pour le moins autant de part que l'ignorance à la fuppofition d'un Dieu. Tous les fyftêmes que l'on faifoit fur la nature, fe détruifoient par l'expérience ; en remontant à une caufe inconnue, on crut fe mettre à l'abri des objections, non pas fur les effets, mais fur la maniere dont ils étoient produits. Dans la nouvelle hypothèfe, la toute-puiffance de la pre-

miere cause devint le bouclier qu'on op-
posa à toutes les objections.

Un autre avantage lié à celui-ci,
que les hommes trouverent à se forger
un Dieu, ce fut de se donner une origine divine, en se faisant créer par le
phantôme de la premiere cause. Malgré le nombre de rêveries dont on sur-
chargea cette hypothèse, il resta toujours une forte impression aux hommes
de leur vraie naissance; Dieu, dit Moyse dans le I. Chapitre de la Génèse,
prit du limon & forma l'homme, puis
de son souffle l'anima. Mais ce mauvais
historien de l'événement le plus intéres-
sant ne nous dit point que Dieu ait
soufflé sur les animaux : cependant ces
brutes sont animés. Seroit-ce que la
matiere sans l'aide du souffle de Dieu
peut être animée? C'est au moins ce
que Moyse nous donne à entendre; car
certainement si Dieu eût soufflé sur les
brutes, il ne l'auroit pas omis.

Si l'on considere attentivement le caractere dominant parmi les hommes, on
verra qu'il étoit comme impossible qu'ils
n'en vinssent à l'admission d'une cause
premiere. Leur curiosité se trouvant
combattue par la paresse, entretenue par
l'amour-propre, mais toujours bornée

par l'ignorance, il étoit comme nécessité que , pour se délivrer de leur in-
certitude, ils se formaffent un Etre in-
accessible à l'expérience , par la toute
puissance absolue duquel ils puffent rendre raison de tous les effets qu'ils ne
pouvoient comprendre.

En adoptant l'idée d'une première
cause, ils ne prirent pas garde que non
seulement ils s'ôtoient la faculté de répondre aux objections contre la nature
en s'interdisant la voye de l'expérience;
mais qu'encore ils faisoient naître une
foule de difficultés insurmontables. Il
n'est point d'homme de bonne foi , qui
ne convienne, qu'outre les obstacles fré-
quens qui se rencontrent dans le déve-
loppement du systême matérialiste, dès
qu'on admet un Dieu , il se présente un
grand nombre d'impossibilités que tout
l'art des Sophistes ne sçauroit détruire.
Je me garderai bien de les proposer toutes ici ; mais j'en vais rapporter quelques-unes qui suffiront pour faire sentir
tout le foible de cette hypothèse.

Je sçai que les partisans de la Divinité ont coutume de barrer sans cesse
leurs adversaires par la volonté , par la
puissance de leur Dieu ; mais ces sub-
tils Logiciens ignorent-ils qu'en dispute

réglée un principe n'eft admis que lorsqu'il eft démontré inconteftablément?
Or pour fe fervir contre moi de cette
volonté & de cette puiffance, qu'ils m'en
prouvent l'exiftence d'abord. Quand le
principe fera prouvé, fi les conféquences qu'on en tire en dérivent réellement,
je ferai contraint de les admettre. C'eft
en répondant aux objections qui peuvent
fe faire contre un fyftême, qu'on en établit folidement la vérité; les tourmens,
les perfécutions qu'on fait éprouver à
ceux qui cherchent le vrai, ne forment
aucune preuve. Elles démontrent feulement contre ceux qui les exercent
qu'ils n'ont pas de meilleures raifons à
donner.

En effet quelle lumiere jette-t-on dans
l'efprit d'un homme qui demande s'il y
a un Dieu, fi on ne lui donne pour
garant de cette exiftence, que le fupplice qu'ont fouffert quelques Philofophes qui l'ont niée? Des nations fçavan-
tes & illuftres, quoique payennes, n'ont-
elles pas fait un pareil traitement à des
hommes qui foutenoient qu'il ne pouvoit y avoir plufieurs Divinités? Si Rome Chrétienne, & l'ancienne & célèbre
Athènes euffent exifté en même temps,
& qu'un Sauvage ayant raffemblé les chefs

des Religions dominantes dans ces deux villes, leur eût fait cette question : que dois-je croire d'un ou de plusieurs Dieux ? Il n'y en a qu'un en trois personnes, auroient dit les Romains Chrétiens. Il y en a un bien plus grand nombre, auroient répondu les Grecs ; Jupiter, Saturne, Vénus, Junon &c. &c. Mais s'il se fût trouvé quelque Déiste au même endroit, il auroit dit au Sauvage : tous ces Prêtres sont des fourbes & des menteurs ; il n'y a qu'un Dieu unique en essence ; & vous sentez parfaitement que l'infinité des perfections que nous appellons Dieu, n'est point susceptible de division. D'après les loix de la Logique, c'est pour le sentiment du Déiste qu'il faudroit se décider, en se réservant toujours néanmoins d'examiner les propositions. Mais ces loix, le Sauvage que nous supposons les ignore ; & s'il entend assez les Langues Grecque & Latine pour apprécier le mérite des deux nations, sans doute prévenu en faveur d'Athènes, il se portera de son parti, sans pouvoir rendre raison de son choix à lui-même. Tel sera le premier pas d'un Sauvage ; mais s'il sçait réfléchir, s'il se livre à l'examen, il se verra bientôt dans un

doute qui fait le bonheur des uns & le
malheur des autres. La conduite que
nous faisons tenir à notre naturel, est
celle à-peu-près que tiennent tous les
hommes. Notre nonchalance ne nous
permet pas de voir par nous-mêmes;
il nous faut les yeux des autres: mais
une chose apprise d'un de nos semblables, est une distance apperçue au travers d'un télescope trompeur & faux,
du moins pour l'ordinaire.

QUAND je dis que ce qui nous vient
par la voye des autres hommes, est
sujet à être faux, je ne prétends point
parler en général. Je suis bien éloigné
de blâmer l'instruction que d'on se
donne par le moyen de la société; mais
je suis sur mes gardes contre des personnes qui prouvent la justesse de leurs
argumens par le fer & le feu.

LES violences employées par des
Chrétiens pour étendre leur Religion,
sont peut-être la plus forte des raisons
qui l'ont empêchée d'être reçue dans
les quatre parties du monde connu. Dès
que les Prêtres ont eû entrée dans quelque lieu, & que par leurs sophismes ils
ont gagné une populace ignorante, en
conséquence de cette conversion faite
sans connoissance de cause, & par la

feule terreur d'un chimérique avenir,
ils ont prétendu s'afservir l'efprit des
hommes au deffus du commun : cette
feconde cure étoit plus difficile que la
premiere. Ces gens éclairés n'ont pas
voulu fe foumettre. Les Prêtres avoient
déjà le peuple pour eux : la ftupidité aime toujours le nouveau. Le Magiftrat
& le Souverain même, dont tout le
bonheur eft fondé fur l'eftime du peuple, le protégerent dans fa croyance :
& la foi & la fureur n'étant pas fort
éloignées l'une de l'autre, le Sage alors
fuivit dans la trifte néceffité de renon-
cer à la vie ou à fes lumieres naturelles.
Les progrès de la Philofophie femblent
mettre des hommes à l'abri des violences que les Prêtres de toutes les Réli-
gions ont exercées fur eux depuis l'instant où les Religions ont paru dans le
monde. Il n'eft pas encore fûr de leur
contefter la réalité des chimeres qu'ils
débitent : mais, du moins, on en eft
quitte pour leur haine, qu'on voit affez
rarement aujourd'hui produire de grands
effets. L'impuiffance où ils font de fe
venger avec éclat, comme autrefois,
devroit même les engager à fe taire,
lorfqu'on attaque leurs fentimens : à moins
qu'ils ne fe fentent en état de combattre

à armes égales avec leurs adverſaires. Qu'ils diſputent, mais ſans aigreur & ſans fiel : nous leur promettons de ne jamais les condamner au feu, pour le crime de lèze - géométrie qu'ils commettent en ſoutenant que trois perſonnes ne font qu'un ſeul Dieu. Nous n'uſerons jamais de répréſailles avec eux. Il faut laiſſer à leur Dieu le droit de punir les enfans de la faute de leur Pere : droit qui feroit regarder comme un tyran odieux tout mortel qui s'aviſeroit d'en uſer. Mais les conditions ſont poſées; entrons en diſpute.

1°. Qu'est-ce que Dieu? Dieu, diſent les Catéchiſmes Chrétiens, eſt un Etre infini, indépendant, immuable, qui ſçait tout, qui voit tout, qui connoît toutes choſes & les gouverne toutes.

Contre l'infinité de Dieu. C'est un Etre infini que Dieu! quel triomphe pour les Matérialiſtes! au delà de l'infini il n'y a rien ; tout eſt compris dans l'infini. On peut même affirmer d'après cette propoſition, *qu'il y a un Etre infini*, qu'il n'y a point de néant ; car l'infini embraſſant également & l'exiſtence, & la poſſibilité de l'exiſtence, on ne conçoit pas au delà de lui un ſeul point mathématique même, pas un ſeul eſpace ra-

tionel. Mon Lecteur fent affez que ce
n'eft que pour égayer la matiere que je
traite, que je m'amufe à difcuter le
néant. Il ne faut pour renverfer l'édi-
fice que les Philofophes Déiftes ont éle-
vé fur le néant, que leur faire une question. Qu'eft-ce que le néant? Ils reftent
courts à cette propofition, par la raifon
que je répete fi fouvent dans cet ouvrage, que nous ne pouvons raifonner que
fur les chofes que nous connoiffons, n'importe de quelle maniere. Je reviens.
Le néant ne fçauroit être en Dieu; car
dans ce cas Dieu ne feroit pas infiniment
exiftant; il auroit dans fon effence de
l'Etre & du non-Etre: ce qui eft abfurde. Nos adverfaires en conviendront.
Le néant ne fçauroit non plus être hors
de Dieu; car en ce cas Dieu ne feroit
point infini; puifque le néant, c'eft-à-
dire, une chofe qui n'eft rien dans un
temps, mais qui a la puiffance d'être
quelque chofe dans un autre, exifteroit
poffiblement hors de Dieu.

MAIS allons plus loin. Le néant n'a
nulle exiftence, ou il a une exiftence pos-
fible & telle que Dieu en avoit l'idée.
Si le néant n'avoit nulle exiftence, qu'il
ne fût *rien*, au fens métaphyfique où
nous entendons ce mot, il n'a pu être

le fujet de l'action d'une volonté de
Dieu. On eft convenu dans tous les
partis que la toute-puiffance de Dieu ne
fçauroit faire qu'un quarré foit en même
temps quarré & cercle, parce qu'il eft
impoffible qu'une chofe foit & ne foit
pas en même temps. C'eft cependant
ce qui feroit arrivé au néant, fi on en
croit nos adverfaires. A l'inftant qu'il
a reçu l'Etre, difons mieux, à l'inftant
où Dieu a conçu la poffibilité de fon
Etre, le néant étoit & n'étoit point:
Dieu conçut alors qu'il n'étoit rien &
qu'il étoit quelque chofe.

Si le néant exiftoit d'une exiftence
poffible feulement, & que Dieu en eût
l'idée, il le concevoit, ou comme exis-
tant poffiblement hors de lui, ou comme exiftant poffiblement en dedans de
lui. Dans le premier cas Dieu conçoit
qu'il n'eft pas infini de toute infinité,
puifqu'il apperçoit hors de lui une existence de poffibilité. Dans le fecond
cas, Dieu n'eft point infini encore; car
c'eft l'exiftence infinie-réelle qui cons-
titue l'infinité-réelle: or Dieu trouvoit
alors en lui un non-Etre réel, qui n'a-
voit qu'une exiftence poffible : & alors
Dieu n'étoit qu'un infini poffible auquel
il manquoit l'exiftence du néant qu'il
con-

contenoit pour être un infini réel.

MAIS voici bien autre chose. Dès l'instant que Dieu a donné l'être au néant, il a renoncé à son infinité, ou à sa spiritualité. Quel paradoxe, s'écrient mes adversaires! Ce n'en est pas un. Je prouve. N'importe dans quel recoin de l'infinité existât le néant, c'est-à-dire, la possibilité que *rien* avoit à *être.* De ce *rien* Dieu a fait la nature, elle est matérielle, elle existe, & a de l'étendue, mais Dieu est purement spirituel; dès cette création il a donc fallu qu'il *rapetisse* son infinité, pour faire place à la matiere, qui occupe un espace: à moins qu'on n'aime mieux convenir qu'il a gardé la matiere dans l'infinité de son essence spirituelle. Je laisse à choisir celui de ces deux sentimens qui conviendra le mieux à nos adversaires; mais qu'ils optent. Et je dis d'abord: si la matiere existe réellement, Dieu n'est pas infini, car la matiere est étendue, elle occupe un espace: or Dieu & la matiere ne sont point confondus ensemble, ils ont une existence absolument distincte: donc ils ne subsistent pas actuellement dans le même lieu. Mais la matiere est immense en étendue: donc il faut retrancher l'immensité de la matiere de l'infinité de Dieu : donc Dieu n'eſt point infini.

Si au contraire nos adverſaires convenoient que la matiere & Dieu exiſtent enſemble & conjointement par-tout, ils garantiroient par cet aveu ſon infinité juſques à un certain point ; mais que deviendroit ſa ſpiritualité ? Peut-on dire d'un Etre quelconque qu'il eſt ſpirituel, tandis qu'on avoue qu'il contient une immenſe quantité de matiere ? Peut-on dire qu'un mélange d'eſprit & de matiere compoſe un Etre infiniment parfait, tandis que le parties dont il eſt formé ſont abſolument hétérogenes entre elles ? Car quelle homogénéité apperçoit-on entre la matiere & l'eſprit ? Aucune. Il faut, pour qu'un Etre ſoit infini, que toutes les parties qui le compoſent ſoient elles-mêmes infinies : pour que ces parties jouiſſent de l'infinité, il faut qu'elles ſoient de même nature. Autrement, cette propoſition ſeroit vraie : l'Etre eſt infini, le non-Etre eſt infini : ce qui eſt abſurde. Je viens de dire que nos adverſaires maintiendroient *juſqu'à un certain point* l'infinité de Dieu, en convenant de ſon mélange avec la matiere ; mais cette expreſſion fait ſentir que je ne ſuis point d'humeur à pren-

dre le change fur leurs aveux. Qu'eft-
ce qui pourroit former l'infinité d'un
Etre? C'eft l'infinité des perfections: or
la matiere n'étant pas un feul inftant la
même dans aucun Etre, ne fçauroit être
appellée parfaite d'une perfection de nature & abfolue : car la perfection eft
immutable. Il eft contradictoire qu'un
Etre parfait change; car que pourroit-il
acquérir dans fes changemens? il n'y a
rien au delà de la perfection : il n'ac-
querroit donc que de l'imperfection : ce
qu'on ne peut fuppofer. Par conféquent
lorfque les Philofophes partifans de la
Divinité avoueroient, pour fauver fon
infinité, qu'elle comprend la matiere,
cet aveu ne feroit que pour fon infinie
étendue, & non pour fon infinie perfection qui feroit dès-lors détruite par
l'admiffion de la matiere en fa fubftance.
Et qu'eft-ce qu'un Dieu qui ne feroit
point infini en perfections? Ce ne pourroit être un Dieu ; car nous pourrions
concevoir un Etre d'une nature fupérieure à la fienne; fçavoir, un Etre qui
comprendroit en fon effence l'infinité
des perfections.

Nous venons de voir qu'il eft impoffible qu'il exifte un Etre infini, au fens
où l'on prend ce mot ; c'eft-à-dire un

Dieu, fubftance diftincte de la matiere; & que pour le fuppofer, il faut fe
réfoudre à foutenir, contre les plus for-
tes démonftrations, que la matiere n'a
point d'exiftence. L'impoffibilité des
deux exiftences, matérielle & fpirituelle, a paru fi frappante à quelques Philofophes que défefpérant de pouvoir jamais les concilier, ils fe font déterminés
à n'en admettre qu'une. Fermant les
yeux fur les propriétés fans nombre dont
la matiere eft fournie, fur le mouvement dont elle eft douée, fur les productions variées qui font le réfultat de
fes mouvemens divers, fur lá folidité &
la confiftance de fes parties, ils ont foutenu qu'elle n'exiftoit pas. On leur ob-
jecta l'exiftence des corps: ils foutinrent
qu'elle n'étoit qu'objective, c'eft-à-dire,
apparente. Mais leur dit-on, aidés du
mouvement organique, nous nous approchons des corps; le fens de la vue
nous fait appercevoir leurs couleurs, celui du tact nous rend fenfibles leurs qualités dure ou molle; & nous voyons alors
les changemens que notre action apporte en eux. Il eft donc impoffible que
dans toutes ces opérations le corps agent
& le corps patient n'ayent point une
exiftence réelle, puifqu'ils fentent réel-

lement leur action réciproque les uns sur les autres. Toutes ces raisons, répondirent nos Philosophes immatérialistes, seroient bonnes, s'il étoit possible qu'il existât de la matiere ; mais convaincus qu'il y a un Dieu, c'est-à-dire, un Etre d'une substance spirituelle, & que cet Etre est infini, nous ne sçaurions admettre de la matiere ; car de la matiere n'étant pas spirituelle, & Dieu l'étant, s'il existoit de la matiere, Dieu ne subsisteroit plus infini. Que l'opinion des Philosophes immatérialistes soit extravagante, c'est ce qu'on ne sçauroit nier ; cependant en France, en Angleterre, en Allemagne, cette opinion a eu de grands hommes pour partisans. Qu'en conclure ? Qu'il est d'une impossibilité absolue qu'il existe à la fois un Etre spirituel infini, & un Etre matériel d'une immense étendue. En effet, nous l'avons déjà dit : au delà de l'infini il n'y a rien, pas même un point : cependant la matiere existe, elle est immense : d'où il résulteroit, dans l'opinion reçue, que l'immensité & l'infinité existent à la fois & distinctement, même, ce qui est à remarquer, d'une distinction de nature ; or cela ne peut être.

Dieu exifte, il eft infini; cela eft pofé, mais cela n'eft pas prouvé: la matiere exifte, elle eft immenfe: on avan-
ce ceci, & on le démontre: Donc
Dieu n'eft point infini. C'eft à de tels
argumens, fondés fur les plus fim-
ples calculs, que je prie nos adverfaires de répondre, & de n'employer que des termes auffi intelligi-
bles, que des mots dont la valeur fixe
& déterminée foit conçue du plus lourd
payfan: Car fi d'un côté les buchers
qu'ils préparent à ceux qui ofent combattre leurs fentimens n'ont pu étouffer
en eux l'amour du vrai, de l'autre ils
ne peuvent fe flater que les énormes
volumes de fophifmes qu'ils ont écrits,
ayent pu jetter dans l'efprit des hommes le moindre dégré de conviction.
Si Dieu exifte, la Théologie doit être
de toutes les fciences la plus fimple;
& tous les hommes doivent avoir de
cette exiftence précifément la même
idée : Mais nous fommes bien loin d'en
être venus à ce point de réunion fur cet
important fujet, que les difputes fo-
mentées par l'intérêt des Prêtres ne font
que rendre plus obfcur, loin d'y jetter
de la clarté. Paffons à l'article de l'indépendance de Dieu, & voyons fi on

peut la foutenir avec plus de fondement que fon infinité.

2°. DIEU eft un Etre indépendant. Par Etre indépendant, on entend un Etre qui ne tient rien d'autrui, & cela ne fuffit pas encore ; car il faut pour former un tel Etre, que tout ce qui n'eft point lui foit dans fa dépendance : autrement il n'auroit plus l'infinité dans les attributs, puifqu'il ne feroit pas le feul Etre indépendant. L'infinité de l'indépendance dans un Etre, fuppofe la dépendance de tout ce qui n'eft point lui. Ceci n'a pas befoin de démonstration.

Contre l'indépendance de Dieu.

Nous n'irons pas loin fans nous appercevoir que l'indépendance fuppofée en Dieu par les Théiftes eft purement gratuite : Si Dieu eft indépendant, pourquoi n'a-t-il pas créé le monde de toute éternité ? C'eft qu'il ne la pas voulu. Fort bien : mais de deux chofes l'une ; ou le voulant, il n'a pas pu, ou le pouvant, il ne l'a pas voulu. Si le voulant, il ne l'a pas pu, c'eft un Dieu impuiffant : en ce cas, fon pouvoir dépend, & ce par quoi il l'auroit pû faire eft d'une nature fupérieure à la fienne. Si au contraire le pouvant, il n'a pas voulu le faire, je suis en droit d'affirmer qu'il y a contradiction entre la volonté & la puissance de cet Etre. Dans la Divinité, puissance, bonté, volonté, desir, tout est éternel, & tout a éternellement son effet. Or Dieu ayant voulu l'existence du monde de toute éternité, comment a-t-il pu se faire que cette existence n'ait eû lieu qu'à une certaine époque infiniment en deçà de l'éternité? La volonté est la suite du desir : on ne veut pas une chose qui nous répugne, sur-tout lorsqu'on possede la puissance dans le dégré le plus éminent. Il suit de là que Dieu a eu un desir qui n'a pû étre rempli & satisfait pendant tout le temps qui s'est écoulé entre le premier point, & l'instant où le monde a paru. Pendant cet intervalle immense, Dieu n'a pas été parfaitement heureux. Car il vouloit, & ne remplissoit pas son vouloir : il n'est donc pas Dieu.

Il ne l'a voulu, dira-t-on, que lorsqu'il l'a fait. Mais d'où vient cette volonté nouvelle en Dieu? Il est infini, il est éternel, & cependant voici quelque chose de nouveau qu'il reçoit; la volonté de créer le monde. Il ne l'avoit pas, cette volonté; Il l'a donc reçue de quelqu'autre substance supérieure à la sienne & qui agit sur elle.

Est-ce pour un bien, est-ce pour un mal que Dieu a créé le monde? Si c'est pour un bien que le monde existe, il a dû exister éternellement; ou Dieu n'est pas bon. Si c'est pour un mal, son existence n'a dû jamais arriver; ou Dieu n'est pas tout-puissant. Mais si le monde eût existé éternellement, Dieu ne seroit pas Dieu; car qui dit éternel, dit sans commencement : la priorité en matiere d'éternité ne peut avoir lieu : or Dieu éternel, & le monde créé de toute éternité reviendroient au même; & alors il y auroit deux substances éternelles, l'esprit & la matiere. Mais la matiere étant sans commencement, ne pourroit avoir de fin, son existence deviendroit nécessaire, & alors la substance spirituelle, ou, si l'on veut, un Dieu conservateur & rémunérateur, seroit une chose absolument inutile.

Si nos adversaires l'aiment mieux, je conviendrai que le monde a été créé à une certaine époque. Mais outre l'inconvénient que nous avons vu résulter de ce sentiment, il reste encore

un furieux obstacle à franchir, c'est que
cette hypothèse donne une cruelle en-
torse à l'infinité de la volonté de Dieu.
Par la même raison que ce qui est infini n'a ni commencement ni fin, ce qui
a commencé doit finir. Mais lorsque le
monde créé cessera d'exister, que devien-
dra la volonté de Dieu qui vouloit cette exstence ? Si Dieu est infini actuellement, il ne le fera plus quand le monde aura cessé d'être ; car il aura une
volonté de moins. Qu'on ne dise pas
que les volontés se succedent en Dieu ;
car c'est en faire un homme. D'ailleurs
la création admise par beaucoup de Philosophes ne sçauroit subsister, sans détruire l'infinité des perfections qui seule
peut constituer un Dieu. Si Dieu étoit
infiniment heureux avant la création du
monde, il n'a pas dû créer le monde
pour son bonheur : à moins cependant
qu'on ne suppose qu'un objet de bonheur s'étant éteint en Dieu il à créé le
monde pour le remplacer. Mais lorsque le monde ne sera plus, il faudra né-
cessairement que la Divinité se livre à
quelqu'autre opération pour remplacer
le bonheur qu'elle perdra par l'anéantissement de la nature.

Nos adversaires diront peut-être, que

Dieu n'a pas fait le monde pour son bonheur qui est inaltérable. Mais pour le bonheur de qui l'a-t-il donc fait? Ce ne peut être pour celui de l'homme; nous craignons l'anéantissement apparent, parce que nous avons l'usage d'être, mais pour qui n'a point été, le non-être est la plus heureuse de toutes les positions. Dans les divers systêmes religieux, les conditions apportées au bonheur de l'homme, le rendent une chose très-incertaine. Aux soins religieux qui sont tous ou presque tous très-gênans, se joignent les soins civils qui sont sans nombre, ensorte que la durée de l'Etre est une chose que l'homme achete aux dépens de son bien-être.

Dieu, disent encore nos adversaires, a créé le monde, & entre les Etres, l'homme pour sa gloire. Voilà donc Dieu dépendant; il lui manquoit cette glorification; & cela est si vrai, qu'il a plus d'un fois dans le Vieux Testament recommandé aux Hébreux de le glorifier, & de le glorifier exclusivement; tant il étoit jaloux de cette glorification. Et sur l'adoration que ce Souverain Etre exige des humains que de traits qui prouvent qu'il n'est pas indépendant ! Il a befoin de l'hommage des hommes, il l'exige, & s'ils ceffent de le lui rendre toute fa colere éclate fur leur tête. Mais d'où vient que le mortel porte fon culte ailleurs qu'à celui qui l'a créé ? D'où vient que ce Dieu au bonheur duquel ce culte contribue, n'a-t-il pas difpofé le cœur de l'homme de façon que toute fa piété & fa reconnoiffance fe tournaffent vers lui ? D'où vient ? je le demande à nos adverfaires; car je n'en fçai rien. Ce que je fçai bien c'eft que fi Dieu n'a pas difpofé tous ces mortels à l'aimer & à l'adorer, c'eft qu'il ne l'a pas pû, ou qu'il ne l'a pas voulu. Mais s'il ne l'a pas voulu, n'y a-t-il pas de l'injuftice à exiger d'eux des devoirs dont il fçavoit bien qu'ils feroient détournés, lorfque furtout il ne leur a pas donné la force de réfifter, & de fe maintenir dans la voye où il defiroit qu'ils marchaffent? S'il l'a voulu, fans le pouvoir, que je plains les hommes d'être fous la main d'un Souverain qui n'a que le pouvoir de punir les violateurs de fes loix, fans avoir celui d'éloigner de fes Sujets les auteurs de leur infidélité ! Il étoit de la bonté de Dieu de chaffer de fa penfée le vouloir de créer les hommes dès qu'il y eſt entré ; puiſqu'il dut prévoir alors qu'une puiſſance , égale au moins à la ſienne , leur ſouffleroit l'eſprit de révolte dès qu'ils ſeroient en état de recevoir cette funeſte impreſſion. Il étoit encore bien ſimple que Dieu anéantît le Diable lors de la création du monde , où qu'il l'enchaînât de maniere qu'il ne pût remuer , ou enfin qu'il lui ôtat tous ſes pouvoirs ; car enfin les Philoſophes que nous combattons ne nieront pas que le Diable ne tient ſa force que de Dieu. L'uſage que la Divinité avoit de la puiſſance de ſon ennemi, n'a pu lui laiſſer ignorer que l'homme à peine éclos alloit devenir l'objet ſur lequel il exerceroit ſes méchancetés. Si Sathan avoit bien pu ſéduire des Anges , c'eſt-à-dire, des Eſprits purs, Dieu devoit préſumer que ſes artifices agiroient infiniment plus puiſſamment ſur des hommes, ſur des Etres compoſés d'un ſouffle & d'un peu de matiere groſſiere. Cependant il n'a pris aucune de ces précautions-là. C'eſt donc un Etre impuiſſant ou bien un Etre cruel.

Mais , dira quelqu'un , en créant l'homme, Dieu lui fit préſent du libre-arbitre ; préſent ſuffiſant & qui le mettoit en état de ſe porter à l'autel où la reconnoiſſance l'appelloit, ou de ſe ranger du parti de ſon ennemi, à ſon choix, & ſans aucune contrainte Mais les Anges dans le Ciel, n'étoient-ils point doués de cette même liberté de choix? Oui, répond-on. Ils ont cependant ſuccombé. Dieu qui fit les hommes d'une nature très-inférieure à la leur, qui avec la paſſion qui cauſa la chute des Anges, leur donna encore une foule d'autres paſſions, du nombre deſquelles il en eſt quelques-unes que les hommes ne ſçauroient refuſer de ſatisfaire, ſans ſe réduire aux ſouffrances, ne devoit-il pas bien préſumer que les Mortels ſeroient encore moins forts que les Anges? En ſuppoſant l'homme libre, quelle idée ſe peut-on former d'un Dieu qui en concurrence avec le Diable dans les motifs qu'ils propoſent tous deux aux mortels pour déterminer leur choix, n'a pas la puiſſance de le faire pancher de ſon côté? On eſt toujours réduit à dire qu'il ne le veut pas, ou qu'il ne le peut pas; moi je crois qu'il ne le peut faire. Pour le prouver, diſons un mot. Dieu n'a point de plus grand ennemi que le Diable dans la nature entiere, & d'après la haine qui règne entre eux, on ne sçauroit suppofer qu'il applaudiffe à l'augmentation de fon empire. Cependant dans quelque fyftême de Religion que ce foit, le plus grand nombre des hommes n'iront point habiter le Ciel après leur mort : ils feront la proye des flammes dans l'empire du Démon : D'où il réfulte que Dieu, s'il peut donner à tous les hommes un penchant irréfiftible au bien & qu'il ne le leur donne pas, aime encore mieux fon ancien ennemi, que les hommes : ce qu'il eft odieux de préfuppofer. Il faut donc convenir que, fi Dieu ne donne pas à tous les hommes la force néceffaire pour réfifter au Diable, c'eft qu'il eft dans l'impoffibilité de le faire : que par conféquent il eft au deffus de lui une certaine loi, une néceffité, un Deftin, une fatalité, à laquelle il eft foumis, & qui, contre les fentimens que lui infpire fa bonté, le force à céder une partie des créatures qu'il a faites pour fa gloire, au Diable qui en éleve un trophée à fa honte : & qu'enfin il n'eft pas indépendant comme le définiffent les Théiftes.

C'EST principalement par le fyftême des Chrétiens, que l'indépendance de Dieu eft le plus fortement combattue.

Le Souverain Etre résolut dès l'instant de la chute du premier homme, de le relever. Il avoit en main tout ce qui étoit nécessaire pour cette réhabilitation, mais il n'en fait usage qu'au bout de quatre mille ans. Pendant ce laps immense de temps tous les hommes, tachés par le péché originel, que le premier Pere leur avoit transmis comme une maladie, ne viennent au monde que pour être les serviteurs du Diable. Qu'ils vivent bien ou mal, l'enfer est leur partage. De cette multitude un petit nombre échappe parce qu'ils se sont fait rogner le prépuce & qu'ils ont sçu deviner que Dieu enverroit un jour son fils: du moins est-ce ainsi que S. Paul prétend qu'Abraham a opéré sa justification. Eh pourquoi attendez-vous si longtemps, ô Dieu, à envoyer aux hommes celui qui seul possede le secret de captiver avec l'eau & l'esprit? Pourquoi? C'est que les temps ne sont point encore venus. Quoi! la volonté de Dieu, qui certainement est infinie & toute-puissante, a des temps marqués pour avoir son effet? J'aime mieux dire qu'il n'a pu envoyer plus tôt ce remede ; car s'il est vrai qu'un Etre qui n'est pas revêtu de la

toute-

toute-puissance n'est pas Dieu, il ne
l'est pas moins de soutenir que celui
qui n'est pas infiniment bon ne sçauroit l'être. Mais examinons la nature
de ce remede que Dieu envoye aux hommes pour les guérir de la lèpre du péché originel. Quel est l'homme qui ne
regarderoit pas la Divinité comme un
Etre impitoyable, s'il étoit prévenu du
sentiment de son indépendance? Au premier terme de l'éternité, une parole
sortie de la bouche de Dieu, & qu'il
adressoit je ne sçai à qui, fut un Ver-
be, qui par la toute-puissance du Pere
devint une Personne réelle, une substance qui, quoique sortie de sa bouche, ne
laissa pas d'être réputée aussi ancienne
que lui qui l'avoit formée. Je ne m'é-
tendrai pas ici sur tout ce qu'il y a de
répugnant dans cette histoire, mais je
remarquerai seulement qu'à peine le Ver-
be fut hors de la bouche de l'Eternel,
que l'amour qui régne entre eux fut si
vif, que de leurs embrassemens mutuels
sortit une autre Personne, divine comme les deux premieres & éternelle comme ses Auteurs.

Si l'amour du Pere & du Fils a produit un si étrange effet, je laisse à penser quelle étoit sa violence ; cepen-

(f)

dant quel parti va prendre le Pere! Parmi les hommes, ce que nous appellons amour, amitié, confiste en partie à ne point permettre que l'objet de notre complaifance reçoive aucun déplaifir; nous éloignons de lui, autant qu'il eft en nous, tout ce qui pourroit lui caufer la moindre douleur. Mais fi notre foible nature comporte de tels fentimens, quels doivent donc être ceux de deux Perfonnes divines qui s'entre-aiment? L'amour entre des Divinités eft tel, que toutes les fois qu'on dira à un homme fenfé qu'un Dieu Pere a pu fe réfoudre à livrer au fupplice & à l'ignominie un Dieu fon Fils, il foutiendra opiniâtrément qu'on lui conte une fable, ou que ce Dieu qui permet que fon Fils fouffre ces horreurs, eft un Dieu de la baffe claffe, qui n'a pu empêcher la mort de fon Fils ordonnée par des Divinités d'un rang fupérieur au fien.

IL falloit que le Chrift mourût dans les tourmens, difent les Chrétiens. Mais ne voudra-t-on jamais prendre la peine de remarquer, que le terme *il falloit* eft infultant à la Divinité; que dans la préfuppofition de la toute-puiffance, les moyens ne font jamais néceffités pour

elle, ni quant au choix ni quant à l'exécution? Dieu pouvoit 1°. ne point permettre qu'Adam péchât. 2°. Après qu'A-
dam eut péché, il falloit lui remettre
son crime, ou l'en punir; mais qu'é-
toit-il besoin de rendre coupables ses
descendans qui n'étoient pour rien dans
sa désobéissance? 3°. Puisque le temps
étoit venu lors de l'incarnation du Ver-
be de nétoyer la playe faite aux hommes par le péché originel, Dieu n'a-
voit qu'à prononcer une parole, & le
péché disparoissoit. Mais la condition
du Baptême, pour les hommes à venir?
Il n'y avoit qu'à ne pas l'imposer. La
Béatitude de tant de gens qui meurent
sans Baptême & souvent sans péché,
comme les enfans, ne seroit pas une
chose si douteuse. 4°. S'il falloit absolument un Baptême, Dieu pouvoit
l'ordonner, & les moyens de le faire ne
lui manquoient pas; & ainsi des autres
sacremens que Jésus-Christ a institués.
Dieu n'a employé aucun de ces moyens,
il a envoyé son fils, & a souffert qu'il
fût crucifié; c'est qu'il n'a pû faire autrement. Il falloit, diront les Chrétiens, qu'un Dieu souffrît la mort pour
le salut des hommes : Et d'où vient
cette nécessité? C'est parce qu'ils x-

voient offensé Dieu. Et qui les avoit portés à offenser Dieu le Pere? Etoit-ce Dieu le fils? Non. Qui donc? Le Diable. Il falloit, & c'est là que ce mot peut trouver sa place, il falloit faire pendre le Diable. Quels combats le Pere n'a-t-il pas dû éprouver lorsqu'il a pris la barbare résolution de livrer son fils à la mort? Ah! sans doute, il a épuisé tous les moyens, avant que de s'en tenir à celui-là; & s'il eût été libre de choisir, jamais il ne s'en seroit servi. Le sort du fils de Dieu est d'autant plus à plaindre que lui-même avoit été offensé. Or que penser d'un Dieu qui pour venger l'offense qu'on lui a faite, se livre volontairement à la mort? Allons plus loin: quelle idée peut-on se former de trois Personnes divines égales en puissance, en éternité, en infinité de perfections, dont la premiere, & la seconde & la troisieme se trouvant également outragées par l'acte de désobéissance que commit jadis un foible mortel, ne trouvent cependant pas les mêmes moyens de faire réparer la honte qu'elles ont reçue? Tel est cependant le cas où nous voyons la Trinité tomber. Elle a été offensée en total; la seconde Personne seule trouve un expé-

dient propre à expier l'offense. Sans
doute le Pere & le St. Esprit sçavoient
comme le Fils que l'unique moyen de
les satisfaire, étoit qu'un Dieu mourût ;
mais ils trouvoient apparemment ce
moyen trop violent, pour vouloir souf-
frir qu'il eût son exécution dans leurs
personnes. Le Pere oubliant son amour,
le St. Esprit foulant aux pieds la ten-
dresse filiale, permettent l'un que son
Fils, l'autre que l'un de ses Peres soit
livré aux bourreaux. D'après cet exposé succint, qu'on essaye de me prouver que Dieu est indépendant. Mais
qu'on y prenne garde : l'argument qu'on
employera pour prouver que Dieu le
Pere a choisi volontairement le moyen
de réparer son offense par la mort d'un
Fils, l'objet de ses plus cheres délices, lui enlevera en même temps le plus
beau de ses attributs, sa bonté infinie, & en démontrant qu'il est libre
établira d'une maniere victorieuse qu'il
est un tyran le plus cruel qu'on puisse
imaginer. On a vu des Souverains im-
moler leurs enfans ; mais ç'a toujours
été dans l'un de ces deux cas : ou ils
avoient à craindre d'un fils trop am-
bitieux, ou le salut de leurs Etats en
dépendoit, & il ne leur restoit aucun

autre moyen de l'affurer. Je penferois
volontiers que Dieu étoit dans cette derniere pofition ; & j'aime mieux plaindre
un Pere contraint par une dure néceffité
à perdre fon fils, qu'admirer un fcélérat
politique qui facrifie tout à fa fureté.

CHAPITRE IV.

Suite du même fujet. Dieu n'eft pas
immuable.

APRÈS avoir dit d'un Etre qu'il eft
infini, dire qu'il eft immuable, ne peut
s'entendre qu'il ne remue pas de fa place ; car étant infini, il occupe tout
l'efpace poffible, au delà duquel il n'eft
aucun efpace. On peut affirmer même
que Dieu étant infini, eft privé abfolument de mouvement. Le mouvement,
dit Defcartes, n'eft autre chofe que
l'application fucceffive des corps les uns
aux autres. Mais empliffez parfaitement
un vafe de quelques corps qu'il vous
plaira, & vous verrez l'impoffibilité où
vous ferez de les mettre en mouvement,
parce que l'application fucceffive qui le
forme exige pour fe faire des interval-

les qui manqueront dans votre vaisseau
exactement plein. Or supposé la machine de l'univers, la nature entiere un
vaisseau infini, si Dieu infini y est con-
tenu, il ne peut s'y mouvoir. Si malgré son infinité Dieu a du mouvement
dans le monde, c'est que le monde est
plus infini que lui. Quelque expression
qu'on employe pour désigner des Etres,
le contenant est plus grand que le con-
tenu. Mais, dira quelqu'un, la matiere
ne contient point Dieu : C'est donc
Dieu qui contient la matiere : je le
veux ; mais alors Dieu n'est plus infini,
il manque à son infinité l'espace qu'occupe la matiere. Point du tout, ajoute-t-on, il est par-tout. Donc, con-
clurai-je, vous ne pouvez plus dire
qu'il est infiniment spirituel, car dans
son infinité il y a des parties maté-
rielles.

PAR la qualité d'immuable que les
Philosophes Théistes ont donnée à Dieu,
nous ne pouvons entendre autre chose,
sinon que sa pensée & sa volonté sont
permanentes. Et c'est en ce sens que
l'Ecriture l'entend, lorsqu'elle dit que
ses décrets sont irrévocables, &c. Examinons s'il n'en est pas de cet attribut
comme de ceux d'infini & d'indépen-

dant qu'on lui a gratuitement déférés.

1°. DIEU fait l'homme & voit que cela eft bon ; plus loin il fe repent : il vit donc alors que cela étoit mauvais. Il n'eft donc pas immuable, puifqu'il juge diverfement du même fujet.

2°. DIEU ordonne à Ezéchiel de manger de la matiere fécale ; le Prophête fent une répugnance invincible à ce mets, & repréfente à la Divinité que fon corps ne s'eft jamais fouillé d'un pareil aliment ; alors Dieu fe relâche de fon premier ordre, & fe contente qu'Ezéchiel étende fur fon pain de la fiente de bœuf. (a) Dira-t-on encore que

(a) Le Lecteur ne fera pas fâché de trouver ici ce paffage d'Ezéchiel traduit littéralement de l'hébreu.... ,, Et mangeras ce pain ,, comme le pain d'orge fait fous la cendre, & ,, le couvriras de la fiente qui fort du corps ,, de l'homme devant leurs yeux. Le Sei- ,, gneur dit ces chofes : ainfi mangeront les ,, enfans d'Ifraël leur pain fouillé entre les ,, nations auxquelles je les jetterai. Et je ,, dis ah, ah, Seigneur Dieu : Voici mon ,, ame n'a pas été fouillée, & n'a pas mangé ,, de charogne, ni ce qui a été dévoré des ,, bêtes, depuis mon enfance jufques à main- ,, tenant : & nulle chair fouillée n'eft en- ,, trée en ma bouche. Et il me dit : Voici je ,, t'ai donné la fiente de bœuf pour la fiente ,, des hommes ! & feras ton pain en icelle....

Dieu est immuable dans ses décrets ?
Dieu n'agit-il pas ici comme un homme qui d'abord a recours aux moyens
violens ,.& qui dans l'impossibilité de
les exécuter, a recours à d'autres plus
doux.

3°. DIEU a vû de toute éternité le
monde comme devant exister; cependant il ne l'a pas créé de toute éternité : D'où vient ? C'est qu'il ne l'a pas
voulu. Mais à une certaine époque il a
créé le monde. Pourquoi ? Parce qu'a-
lors il l'a voulu. Il a donc été un temps

„ *Ezéch. ch. 4. v. 12-15.*" Ce passage prouve non seulement que Dieu n'est pas immuable,
mais encore deux choses qui sont bien dignes
de l'attention d'un curieux. La premiere est
qu'Ezéchiel ne met aucune distinction entre
l'homme & la bête & qu'il le comprend sous
la dénomination générique de bête lorsqu'il dit
que son ame n'a point mangé de charogne
ni de ce qui a été dévoré par les bêtes; ce
qui vient à l'appui du sentiment de ceux qui
soutiennent que les Juifs ignoroient le dogme
de l'immortalité de l'ame. La seconde est que
Dieu s'est lourdement trompé , lorsqu'après
avoir ordonné à Ezéchiel de manger de la
matiere fécale, il ajoute „ ainsi mangeront les
„ enfans d'Israël leur pain souillé." Aucune
histoire des Juifs ne nous apprend que ce peuple ait mangé de la matiere fécale pendant ses
diverses captivités.

où Dieu n'a pas voulu ce qu'il a voulu dans un autre : il n'eſt donc pas immuable ; puiſqu'antécédemment il ne veut pas ce qu'il veut poſtérieurement.

ON trouveroit un grand nombre de traits ſemblables & qui prouvent tous d'une maniere abſolue , & contre les Juifs, & contre les Chrétiens, que Dieu n'eſt point immuable. L'argument qui ſe tire de la création du monde contre cette immutabilité fait contre tous les Théiſtes en général. On en peut tirer un pareil de la fin du monde qui doit infailliblement arriver, s'il a eû un commencement. Dieu alors ceſſera de vouloir que le monde exiſte : d'où il réſulte encore qu'il n'eſt point immuable.

DANS le Syſtême Chrétien les trois Perſonnes de la Trinité ne font qu'un ſeul & unique Dieu. Un ſeul & unique Dieu doit avoir une ſeule & unique penſée , une ſeule & unique volonté. Il eſt conſtant que par le péché d'Adam le Pere, le Fils & le Saint-Eſprit, avoient été également offenſés. Qu'arrive-t-il cependant ? Tous trois ſentent pareillement l'offenſe qui leur eſt faite, tous trois ſçavent le moyen de la réparer : comme égaux, il eſt indifférent lequel s'incarne & meure, mais

deux penſent & veulent ne point mourir ; le Fils ſeul veut être la victime.
Le Fils penſe donc différemment du
Père : il eſt cependant le même que le
Père : car ſi le Père (on en dit autant
de l'Eſprit Saint) eût voulu mourir,
il ſeroit mort. Il réſulte de ce que je
viens de dire que Dieu n'a pas voulu
pendant un temps mourir, & qu'enſuite
il l'a voulu : à moins que les Chrétiens
n'aiment mieux convenir qu'il y a eû
diverſité de volontés entre le Père & le
Fils ; mais la diverſité des volontés
prouve & établit la diverſité des Perſonnes ; enſorte que ſi Dieu, comme
première Perſonne, eût perſiſté à ne
point vouloir perdre la vie pour rache-
ter les hommes, & que, comme ſecon-
de Perſonne, il en eût pris la réſolu-
tion, on en pourroit conclure que réellement le Père & le Fils ſont deux E-
tres réellement diſtincts ; ce qui ren-
verſe totalement le Syſtême Chrétien.

Finissons ce Chapitre par un trait
qui prouve ſeul que les Chrétiens ne
ſçavent ce qu'ils diſent lorſqu'ils donnent à leur Dieu l'immutabilité pour
attribut. Dieu créa des Anges, en tel
nombre & à telle époque qu'on voudra choiſir. Il les créa pour l'ornement

de fa Cour , & pour être les miniftres de fes volontés fuprêmes. Il ne les eut pas plus tôt créés qu'il les aima , & que ceux-ci , pénétrés de reconnoiffance , lui déférerent un amour qui eft tel qu'aucun mortel ne fçauroit être animé d'un pareil. A un certain temps de là Sathan , (je le nomme de ce nom , car j'ignore quel eft celui qu'il avoit dans le Ciel) donnant apparemment plus de marques de fon amour & de fon zêle qu'aucun autre , parvient aux premieres dignités dans le Ciel. Il eft un Ange de lumiere que nul n'efface. Les bienfaits de Dieu ne font peut-être pas une marque de réprobation : du moins on ne le fçauroit croire , fans le fuppofer un politique ; ce qui eft abfurde. Quoi qu'il en foit, Sathan, comblé des graces de fon Créateur , mais Créature ingrate , veut s'emparer du trône fuprême : il fe croit trop de qualités brillantes pour occuper le fecond rang : c'eft au premier qu'il afpire. Alors que fait la Divinité ? Sans doute elle va l'anéantir ? Non. Dieu charge Michel Archange , attaché à fon parti , de chasser l'Efprit rebelle , & lui donne pour cela des troupes. Michel agit , & précipite Sathan & fes complices du Ciel.

dans le Cahos. Ici l'on voit clairement deux effets divers de deux façons
de penfer différentes dans la Divinité.
Dieu aime Sathan & tant que cette
amitié fubfifte, il l'accable de bienfaits. Dieu hait ce même Ange, à
caufe de fa rebellion, & fa haine fe
fignale par la chaffe qu'il lui fait donner par Michel, par la malédiction qu'il
prononce fur lui, & enfin par l'exil
perpétuel auquel il le condamne. Il le
hait, & non feulement il le prive de
toutes fes prérogatives; il lui ôte encore tous les caracteres qui diftinguent
l'Efprit célefte, il le rend laid, hi-
deux, cornu; fes mains fe changent en
griffes, & fon éternité de délices eft
convertie en une éternité d'horreurs.
Quel contrafte! Dira-t-on après cette diverfité de conduite que Dieu n'a
point changé de fentiment à l'égard
de Sathan?

On peut dire en général qu'il eft
impoffible qu'un Etre immuable foit le
régiffeur de la nature. La nature eft
abfolument aveugle & fes effets bons
ou mauvais font l'effet d'un concours
qu'elle même ne prévoit pas. Il feroit
moins contradictoire d'admettre fimple-
ment un Dieu éternellement tout-puif-

sant, & doué d'une faculté qui soit telle qu'il puisse remédier à chaque accident à mesure qu'il arrive. Aujourd'hui nous sommes convaincus que des effets de la nature peuvent causer les plus affreuses révolutions dans notre orbe. Or si Dieu est immuable, il ne sçauroit arrêter ces fléaux lorsqu'ils sont arrivés : car il auroit voulu qu'ils arrivassent, & par un autre vouloir il en borneroit le cours.

On dira peut-être, que les divers vouloirs existent ensemble dans l'esprit de Dieu : par exemple, que Dieu a bien voulu que Paul, sous le nom de Saul, désolât ses dévots, tandis qu'en même temps il vouloit que cet homme devînt un célèbre Apôtre de Jésus-Christ. Et cela est dans l'ordre de la préscience aux yeux de laquelle tout est présent. Mais si Dieu a dans son esprit des idées si diverses d'un même sujet ; je demande pourquoi étant tout-puissant, il laisse l'idée du mal se réaliser la premiere. On ne sçauroit ici disculper la contradiction. Tandis que Dieu pense que Paul (je me borne à cet exemple) le persécutera & qu'ensuite il le glorifiera, l'aime-t-il, ou le haît-il ? S'il le haît, à raison de l'ordre

des idées, il sera non immuable, lorsque Paul cessant de le persécuter, souf-
frira au contraire toutes les douleurs
possibles pour son nom. S'il l'aime tandis qu'il le persécute, dans la vue qu'il
a qu'un jour Paul reviendra à lui, le
crime & la vertu sont donc également
précieux aux yeux de Dieu. Et si Paul
mouroit haïssant Dieu qui l'aime, il ne
seroit pas réprouvé ; car Dieu immuable ne pourroit le haïr sans changer de
sentiment à son égard, & sans devenir
muable. Or Dieu ne peut réprouver
un Etre qu'il aime.

Ceux qui ont lû tous les ouvrages
des Théïstes & des Chrétiens sur l'existence du Souverain Etre, s'apperce-
vront facilement que les solutions qu'on
y donne, ne répondent point à nos objections. La plupart de ces Philosophes s'épuisent en propositions, ils
avancent sur le compte de la Divinité
tout ce qu'ils s'imaginent lui convenir :
mais qu'on me montre une seule démonstration dans tous leurs écrits rela-
tifs à l'objet que je traite, & je me
rends. Il ne suffit pas de dire : il y a
un Dieu, son essence est telle, ses attributs sont en tel nombre & de telle
qualité. Ce sont des preuves que je

demande. Mais, dira-t-on, l'Athéifme ne fe prouve pas mieux que le Théifme. La non - exiftence d'une chofe n'a pas befoin de preuves : c'eft l'exiftence qui doit être démontrée. Il n'eft pas utile que l'on me démontre que je fuis homme, mais il faudroit de forts argumens pour me convaincre que je ne le fuis pas : mais ceci eft un cas différent : mon exiftence m'eft fenfible, la négation de ce fait ne l'eft pas.

La fcience, la connoiffance univerfelle de Dieu, & fon gouvernement abfolu feront la matiere du Chapitre fuivant.

CHAPITRE V.

On ne fçauroit concilier la fçience de Dieu, fa connoiffance, & fon gouvernement abfolu, avec le mal qui eft dans le monde.

IL y a du mal dans le monde, & cependant il exifte un Dieu : cela eft - il croyable ? Non : il faut confentir à l'annihilation de l'une de ces deux chofes, pour conferver l'exiftence de l'autre. Voyons, pour nous déterminer, fi le

mal

mal n'auroit qu'une exiftence fictive &
abfolument dependante de notre imagination, en ce cas, il pourroit bien
exifter un Dieu ; mais la réalité du mal
une fois prouvée, je crois que nos adverfaires feront réduits à abandonner leur
phantôme de Divinité, ou du moins à
convenir qu'il n'eft pas tout-puiffant.

Il y a du mal dans le monde, &
nous en avons la connoiffance. Quelques-uns ont prétendu que ce que nous
appellons mal n'a point d'exiftence ; que
ce n'eft autre chofe que l'abfence, la
privation ou la négation du bien : mais
ce raifonnement eft vain ; car on peut
en dire autant du bien, & même avec
plus de fondement. En général il y a
plus de mal dans le monde que de bien.
On eft donc pour le moins auffi fondé
à foutenir que le bien n'a point d'existence réelle, qu'il eft fictif, & purement accidentel. Quoi qu'il en foit,
que le mal foit la négation du bien, ou
le bien celle du mal, il n'eft pas moins
vrai de dire que le mal eft, qu'il exifte,
ou, fi l'on veut, qu'il y en a dans le
monde.

L'on diftingue encore le mal en phyfique & en moral. L'un & l'autre affectent également notre efpece. Dans l'or-

dre civil & politique, le mal moral,
quoiqu'il ne touche pas nos individus,
n'en eſt pas moins un mal réel; dans
l'ordre religieux, il ne touche pas tout
le monde, il eſt vrai; mais ceux qu'il
atteint, en ſont d'autant plus griève-
ment bleſſés, que leur perſuaſion eſt
étendue. Dans l'ordre civil & politique, nos ſoins qui ſont ſans nombre,
ſont autant de maux qui nous affectent
à raiſon de notre façon de penſer. Si
l'homme vit ſous un gouvernement dur,
hautain, cruel, il eſt continuellement
agité de la crainte de déplaire à celui
qu'il s'eſt donné, ou plutôt qu'il a été
contraint de ſe donner pour maître.
A ce premier ſoin ſe joint pour celui-
ci les démarches toujours répugnantes,
& ſouvent douloureuſes, qu'il eſt obligé de faire pour s'aſſurer de l'appui des
ſupérieurs, pour gagner leur amitié,
ou prévenir leur haine, pour la déſar-
mer, s'il eſt aſſez malheureux pour l'a-
voir excitée. A ce premier ſoin ſe
joint pour celui-là, l'embarras d'une
conduite pénible & qui ſoit telle que,
ſans lui faire perdre les bonnes graces
du Prince, elle lui concilie l'amour ou
du moins la bienveillance des peuples:
deux choſes plus difficiles à acquérir,

& plus encore à conferver, qu'on ne
fçauroit l'imaginer.

PEUT-ON dire d'un particulier qu'il
eft heureux, lorfqu'à fes foins domes-
tiques fe joignent ceux de fatisfaire aux
befoins, & plus fouvent encore aux
caprices d'un Seigneur, qui lui ravit
une partie de fes récoltes, tandis que
le pouvoir fuprême lui enleve l'autre?
Dira-t-on qu'un riche poffeffeur eft heureux, lorfqu'occupé fans ceffe des
moyens d'augmenter fes poffeffions, il
n'y peut parvenir que par d'odieufes
voyes, & qu'encore les fruits de fes
rufes & de fes violences n'aboutiffent
qu'à le rendre plus infortuné, parce
que des raifons politiques le condamnent à confumer au fervice du Prince
& le revénu de fes propres, & les fommes qu'il extorque de fes vaffaux? Ce
n'eft pas de tels hommes qu'on peut
dire qu'ils font heureux. Or la privation du bonheur eft un mal. J'avoue
que dans fon principe un tel mal eft
moral ; mais qui ignore que les peines
qui affligent notre efprit, fi elles con-
tinuent, affectent nos corps? Notre
ame, que quelques-uns ont dit être
fpirituelle, fait partager à notre corps

tous les maux qu'elle ressent : ce qui prouvant la parité des substances, nous montre assez qu'elle est de même nature que notre individu.

CHAQUE Etat, & dans un Etat chaque Société, a sa mesure de mal moral, qui se convertit en mal physique à l'égard du plus grand nombre des personnes qui le composent. Est-il, par exemple, un mal plus affligeant pour l'homme, dans l'ordre moral, que celui de la perte absolue, ou au moins de l'esclavage de sa liberté ? L'homme né libre, indépendant, se trouve, dès qu'il commence à sentir le prix de son existence, dans une entrave qui captive tous ses sens. Il demande raison de cet attentat à sa liberté : on ne sçauroit lui en rendre raison. La meilleure solution qu'on puisse donner à sa demande, c'est qu'il est d'usage que cela soit ainsi. Cependant sa force augmente, ses passions éclosent, elles se fortifient faute d'alimens, enfin elles le maîtrisent : il est contraint de les satisfaire ; mais comme tous les moyens sont prohibés, que la loi les a abâtardis, le Magistrat lui fait un crime d'avoir cédé à la force, & l'en punit.

C'eſt ainſi que le mal moral ſe convertit preſque toujours en mal phyſique dans ceux qu'il affecte.

Mais que ſera-ce ſi nous conſidérons un homme prévenu des pieuſes erreurs de n'importe quelle Religion? C'eſt un cheval monté par un Ecuyer extravagant, qui ne veut faire tourner à gauche que pour retirer violemment ſur la droite. Tant que les paſſions de l'homme & ſes préjugés ſont en raiſon égale, il eſt dans un état qui n'a point de nom, ſi ce n'eſt celui d'indifférence. Il ne ſouffre peut-être pas, mais il ne jouit point. Il n'eſt ni mort ni vivant, au ſens où nous entendons ces termes, mais il végete. Cette poſition ne ſçauroit durer qu'un temps: bientôt les préjugés ou les paſſions l'emporteront. C'eſt alors qu'entraîné tour à tour par la pétulance de ſon ſang, & par la ferveur de ſa dévotion, ſon ame & ſon corps ſeront alternativement déchirés par des douleurs inexprimables.

Le plus vigoureux tempérament a ſes bornes dans la carriere des plaiſirs, & l'eſſor des paſſions eſt intermittent. Il n'en eſt pas de même du préjugé, dont l'action eſt permanente ſur ceux qui en ſont affectés. Enſorte que de quelque côté que se tourne un homme prévenu d'opinions religieuses, la douleur est constamment attachée à ses démarches; car s'il se livre au penchant de son cœur, le préjugé, pour avoir été le plus foible, n'est pas vaincu; il lui reste toujours assez de force pour empoisonner tous les plaisirs dont on se propose de jouir, ou dont on jouit; & si au contraire, les sens énervés d'un tel homme cedent aux efforts du préjugé, le sacrifice qu'il lui fait de l'usage des plaisirs, ou seulement de l'idée seule de ces plaisirs que la foiblesse de sa constitution l'empêche de réduire en actes, est toujours accompagné d'un sentiment très-douloureux. Il arrivera peut-être qu'un tel homme, préoccupé de ses idées religieuses, en soit si vivement affecté, que la douleur qu'il essuye en se privant des plaisirs réels soit effacée par le plaisir phantastique qu'il éprouve en sacrifiant à ses préjugés; mais sa nature, que les idées auxquelles il se livre, ne font qu'amuser sans la satisfaire, n'en souffre pas moins, quoiqu'imperceptiblement à ses yeux, & n'en reçoit pas moins une altération journaliere, qui la conduit enfin à sa destruction totale.

En vain pour se disculper, les Philo-

fophes religieux allégueroient la puiſſance où eſt chaque homme d'adopter
& rejetter les opinions auxquelles ils ont
donné cours dans le monde. C'étoit à
l'homme de choiſir, diront-ils. Il avoit
d'un côté la voix de la nature qui le
guidoit ; nous lui avons parlé de la
Divinité, & lui avons laiſſé le choix
de ſe déterminer à ſuivre l'impreſſion de
l'une ou de l'autre. Après avoir peſé
mûrement ces deux partis, il a re-
connu que la nature n'avoit pas le pouvoir de remplir ſes deſirs, & que l'E-
tre ſuprême ſeul pouvoit les ſatisfaire.

MAIS ſans remonter à ces temps barbares où les Mahométans & les Chrétiens ont forcé l'eſprit en livrant le corps
à la torture, quel eſt le Turc, quel eſt
le Chrétien qui s'eſt décidé après avoir
peſé mûrement les différens partis ? On
peut dire en général de tout homme qui
eſt né dans une Religion & qui la ſuit
au mépris de la loi de la nature, qu'il
a été contraint. Et quels ſont les coupables de l'erreur où donne l'homme en
ce cas, ſi ce ne ſont les Docteurs qui
l'ont enſeigné, ou qui ayant prévenu
l'eſprit de ſes Peres, les ont tellement
corrompus, qu'ils ont tranſmis le venin
qui les infectoit à leurs deſcendans ?

(g 4)

CEUX qui ont quelque connoiffance
de l'hiftoire ne feront pas furpris de me
voir placer les préjugés parmi les maux
qui régnent dans le monde. On pourroit même leur donner le premier rang;
& fi dans le premier coup d'œil il femble que l'introduction des dogmes religieux dans le monde ne foit qu'un mal
moral, dès qu'on portera fur cet objet
une attention plus fixe, on s'appercevra
aifément, qu'elle eft la fource d'un mal
phyfique pour les diverfes fociétés, &
un mal réel pour ceux qui font retenus
dans les fers qu'impofe une Religion
quelconque à tous ceux qui l'adoptent
avec fincérité. Le théâtre du monde
peut fournir une multitude de preuves
de l'exiftence du mal phyfique qui y
régne. Que penfer d'un avorton, d'un
enfant mort-né ? Je le demande aux
Chrétiens. Ils ne font pas d'accord fur
l'état de ces créatures. Les uns veulent qu'ils retournent dans le néant dont
ils étoient fortis; c'eft-à-dire, qu'ils rendent à la maffe générale des Etres toutes les modifications qu'ils en avoient
empruntées ; les autres prétendent qu'ils
vont dans un lieu où ils ne fouffrent
pas, il eft vrai, mais dans lequel ils feront éternellement privés de la vifion

de l'Etre suprême ; c'eſt-à-dire qu'ils seront dans une inaction parfaite, ſans douleur & ſans plaiſirs, ſans triſteſſe & ſans joye ; & le néant, c'eſt-à-dire, la décompoſition des parties qui forment les individus, eſt préférable à cet état.

MAIS ces deux ſentimens contraſtent parfaitement avec l'opinion des Chrétiens, qui d'un côté ſoutiennent que tous les hommes ſont ſoumis au péché originel, & de l'autre que le ſeul remede à ce péché eſt le Baptême. D'ailleurs en admettant que des avortons & des enfans morts-nés rentrent dans la maſſe générale des Etres, de quel crime ſeroient coupables des Peres & Meres, auteurs de l'avortement ou de la mort d'un enfant avant le Baptême? D'aucun ſans doute, du moins aux yeux de la Religion. Du ſentiment qui tranſporte les avortons & les morts-nés dans un lieu où ils ne ſouffrent pas, il réſulte clairement que le Baptême n'eſt pas d'une néceſſité abſolue pour éviter l'enfer, & que le péché originel n'a pas eu un effet ſi général qu'on le dit ; puiſque les enfans des Payens, morts-nés, ou morts avant que d'avoir l'uſage de la raiſon, ſans le Baptême, ou avortés, ne ſont point la proye des flammes,

Cette conféquence a paru fi naturelle à quelques Chrétiens qu'ils n'ont pas craint de foutenir que les avortons, & en général tous ceux qui mouroient privés du Baptême, étoient damnés.

QUEL que foit le fort de ces créatures, on peut aſſurer que, fi l'exiſtence eſt un bien pour quiconque en jouit, elles éprouvent un mal lorſqu'un accident les en prive. Cependant quel déplaiſir un germe à peine développé a-t-il pu cauſer à Dieu, pour encourir ou la privation éternelle de fa vue, ou l'anéantiſſement, qui ne s'opere & ne peut s'opérer qu'avec douleur ; ou, ce qui eſt bien pis, la damnation perpétuelle ? Dieu, diront les Philoſophes religieux, n'avoit point ordonné la mort de cette créature. Mais ne m'avez-vous pas dit qu'il ſçavoit tout, & qu'il voyoit tout ? Oui, fans doute. Eh bien ! ſçachant & voyant que cet enfant devoit périr, fans être muni du Baptême qui feul pouvoit le faire jouir de la béatitude, & par-là le dédommager de la perte de fon exiſtence, & des plaiſirs qui y ſont attachés, il devoit y remédier, & il le pouvoit : cependant il ne l'a pas fait. Oh, diſent nos adverfaires, c'eſt qu'il ne l'a pas voulu. Comment ! Dieu ne veut pas le bien d'une créature? Dieu, reprennent-ils, veut le bien de toutes; mais il souffre que le mal leur arrive. Il est impossible, 1°. que le vouloir d'un Dieu soit sans effet. 2°. Puisqu'il gouverne tout, on ne sçauroit dire qu'il souffre que quelque chose arrive, cette expression est impropre; & il faut avouer que rien n'arrive sans son ordre. 3°. Par la connoissance infinie dont Dieu est pourvu, dès qu'il apperçoit le mal, il doit connoître le remède, & par sa toute-puissance le procurer. Son infinie bonté doit le porter à agir ainsi.

On dira peut-être que les Souverains de la terre permettent quelquefois le mal dans la vue du plus grand bien qui en revient à leur état. Mais 1°. c'est dans de fâcheuses circonstances qu'un Roi sage permet du mal pour qu'il en résulte du bien. 2°. Si ce Roi avoit d'autres ressources, disons mieux, s'il étoit tout-puissant, le permettroit-il? Non. Quoi donc! la Divinité, semblable à nos Rois, est-elle obligée de céder aux circonstances, & de perdre d'un côté pour gagner de l'autre? Dieu est-il obligé, pour le salut de quelques-uns, de négocier avec le Diable? S'il est

un Dieu, c'est un sacrilége que de le
présupposer.

MAIS, ajoute-t-on, ce sont des
accidens, des causes secondes qui ont
fait périr cet enfant, qui ont fait
avorter ce germe : or Dieu laisse agir
les causes secondes. Je le veux. Mais
l'immission de l'ame, est-elle l'effet
d'uue cause seconde ? Ici nos Docteurs restent court. Moi, je raison-
ne ainsi. Une cause seconde produit
un germe, un homme engendre un
enfant ; si Dieu n'anime cet enfant par
une ame, ce ne sera qu'une masse im-
puissante à la vie, qu'un abrégé du
cahos privé de mouvement. Mais
Dieu l'animant, non seulement il n'est
plus impuissant à la vie, non seulement
il n'est plus un Etre possible, dont la
vie dépend de certains chocs, de certains mouvemens ; mais c'est un Etre
animé, qui contient en soi la vie, qui
existe enfin. Dans ce cas Dieu a sçu
& a vu l'acte de la seconde cause, il a
connu qu'il étoit bon, & c'est & ce ne
peut être que cette connoissance qui
l'a déterminé à lui donner la vie par
l'immission de l'ame. Mais par cette
immission, Dieu, souverain Auteur de
la vie, s'approprie la production de la

cause, & lui communique ce qui lui manquoit, & ne pouvoit lui être procuré que par la première. Tombe-t-il sous les sens que Dieu laisse à la discrétion des causes secondes un Etre, qu'il a pris plaisir à animer, auquel il a donné tout ce qu'il falloit pour exister? On sent combien cet abandon est absurde.

DIEU en unissant l'ame au corps produit par une cause seconde, a dû prévoir que ce corps ne subsisteroit pas longtemps. Alors de deux choses l'une; ou il a dû parer aux accidens qui devoient le détruire avant que de recevoir le Baptême, ou il a dû s'abstenir d'y unir une ame. Car cette ame, avant son union au corps de l'enfant, ou n'existoit pas, comme quelques-uns le soutiennent; ou jouissoit d'une félicité pure, ainsi que d'autres l'ont cru. Et d'où vient, n'ayant encore commis aucun crime, l'aller unir à un corps qui, venant à périr avant que de voir le jour, la prive à jamais de la vue de son Dieu, & peut-être la livre à d'horribles tourmens? Dieu fait donc le mal uniquement pour le plaisir de le faire? Car laissant agir la cause seconde seule, une masse disposée

feulement à être fe feroit corrompue,
décompofée & comme anéantie ; mais
l'ame n'eût point été la proye du cha-
grin ou de la douleur. Dieu fçavoit
qu'un tel germe ne viendroit point à
terme, qu'il périroit fans Baptême, il
y a cependant joint une ame : donc
Dieu a voulu, d'un vouloir abfolu &
avec connoiffance de caufe, que cette
ame fût, finon le partage du Diable,
du moins le fujet d'une peine éternelle
caufée par la privation de la vue de
Dieu : peine d'autant plus infupporta-
ble à l'ame, qu'elle fçait tout le prix
d'une telle vifion.

APRÈS ce que je viens de dire, de
quel front nos adverfaires foutiendront-
ils que Dieu fçait tout, voit tout,
connoît tout, gouverne tout, & en
même temps qu'il eft infiniment bon?

UN Etre infiniment bon, & qui
poffede la toute-puiffance, doit ne faire
& ne permettre que ce qui eft infiniment bien. Or s'il étoit dans le monde un bien infini, il n'y auroit pas de
mal, pas même l'ombre du mal. Il y
a cependant du mal dans le monde : je
laiffe à qui voudra à en tirer la jufte
conféquence.

LORSQUE nos adverfaires avancent

que Dieu laiffe agir les caufes fecondes, ils font en contradiction avec eux-
mêmes : ils ont dit qu'il gouverne
tout : les caufes fecondes & autres font
partie du tout : qui dit tout n'excepte
rien. Allons plus loin. Si comme le
prétendent les Théiftes, la matiere n'a
en elle aucune force motrice, fi elle
n'a d'habileté qu'à être mue & difpo-
fée ; c'eft Dieu par conféquent qui dirige le cours de tous les corps qui font
dans la nature. De l'aveu de nos adverfaires, c'eft lui qui détermine la mar-
che des aftres , & l'action des élémens.
Lorfque ces aftres & ces élémens ,
troublés par quelque accident , affligent la terre par des fléaux qui répan-
dent l'horreur & la confternation par-
tout où ils paffent ; c'eft donc Dieu
qui l'ordonne ? Lorfqu'un homme utile à fa famille & fouvent à fa patrie
fuccombe fous l'effort d'une troupe
d'affaffins , c'eft donc en exécution d'un
décret forti de la bouche de la Divinité?
Lorfqu'un Citoyen vertueux eft facri-
fié à l'ambition d'un Tyran, c'eft par
la volonté de Dieu? C'eft Dieu qui a
voulu les diverfes captivités des Juifs
lorfqu'ils perféveroient le plus dans le
bien , & en même temps la chute tra-

gique de leurs oppreſſeurs? C'eſt Dieu
qui a voulu que le Portugal ſoit en
même temps l'objet de ſes complaiſan-
ces par la perpétuité de la foi, &
celui de ſes vengeances par les fléaux
dont il l'a frappé? C'eſt Dieu qui a
voulu enfin que le plus grand & le
meilleur des Rois, nouvellement con-
verti à la vraie Religion, ait été percé
par un perfide? Non vraiment, s'é-
crient nos adverſaires; Dieu n'a point
voulu ces choſes : nous le répétons ; il
a laiſſé agir les cauſes ſecondes. Je vous
entends : tant que du cours des choſes
il réſulte du bien, c'eſt Dieu qui régit :
mais s'il arrive du mal, c'eſt la nature
qui l'a fait. Mais Dieu peut-il être en
même temps infiniment bon, infiniment
puiſſant, & abandonner le gouvernement de l'univers, lors même que ſes
ſoins empêcheroient un mal qu'il ne
veut pas?

IL eſt ſi vrai qu'il y a du mal dans le
monde, que ſans aucun préjugé nous en
avons une connoiſſance intime. Il n'eſt
point de Sauvage, point de Barbare, qui
ne ſoit indigné à la vue d'un homme
qui, ſans aucun intérêt, ſans aucun motif,
attente à la vie d'un de ſes ſemblables.
Les Brutes mêmes, compatiſſent aux
dou-

douleurs que leurs petits leur témoignent reſſentir. Qu'on ne diſe pas que nous ſommes les auteurs du mal qui nous afflige : je veux qu'en nous réduiſant en ſociété, nous ayons multiplié nos beſoins, agrandi nos ſoins, & par-là que nous ayons augmenté le mal dont notre monde eſt ſuſceptible ; mais indépendamment de nous & des uſages que nous avons établis, il y a du mal dans le monde : & tout homme qui a un peu vécu ne me démentira pas. Or ce mal ne peut être l'ouvrage d'aucun autre Etre que du Tout - puiſſant : autrement Dieu n'eſt pas Dieu.

L'EXISTENCE de Dieu a toujours ſouffert la plus grande contradiction de la part du mal qui eſt dans le monde indépendamment de l'homme & de ſes actions. Quelques Philoſophes religieux ont eſſayé de concilier Dieu & le mal qui arrive, mais ils ſe ſont bien gardés d'inſiſter dans les mêmes Traités ſur l'infinité des attributs, & ſur la réalité du mal. L'infinie bonté de Dieu, ſa toute-puiſſance & l'exiſtence du mal dans le monde, ouvrage de cette bonté & de cette puiſſance, forment entre elles un contraſte ſi frappant, qu'on a évité,

autant qu'il a été poffible, de les rap-
procher.

Au refte, il y a beaucoup d'apparence
que les contraftes que nous remarquons
entre les attributs de la Divinité, & ce
qui réfulte des ouvrages de cette Divinité, viennent de ce que les premiers inventeurs d'un Souverain Etre fe trouverent au dépourvu, lorfqu'on leur de-
manda ce que c'étoit que cette nouvelle fubftance qu'ils avoient découverte.
Alors n'en fçachant pas plus que ceux
qui faifoient cette queftion, ils répondirent au hazard, ils décorerent le
fantôme par eux imaginé de tous les
titres qu'ils crurent les plus propres à
imprimer le refpeĉt & l'admiration.
Dans le premier étourdiffement l'on
crut tout: mais, depuis ayant réfléchi,
on apperçut qu'un Etre tel que Dieu,
eft un Etre impoffible; & cependant,
s'il n'eft pas tout ce que fes partifans
le difent être, il n'eft pas Dieu.

F I N

DE LA PREMIERE PARTIE.

NB. *Il faudroit à ce Traité, pour être com-
plet, deux autres Parties, que l'on publiera, fi
la Perfonne qui les a entre les mains, veut bien
me les envoyer.*

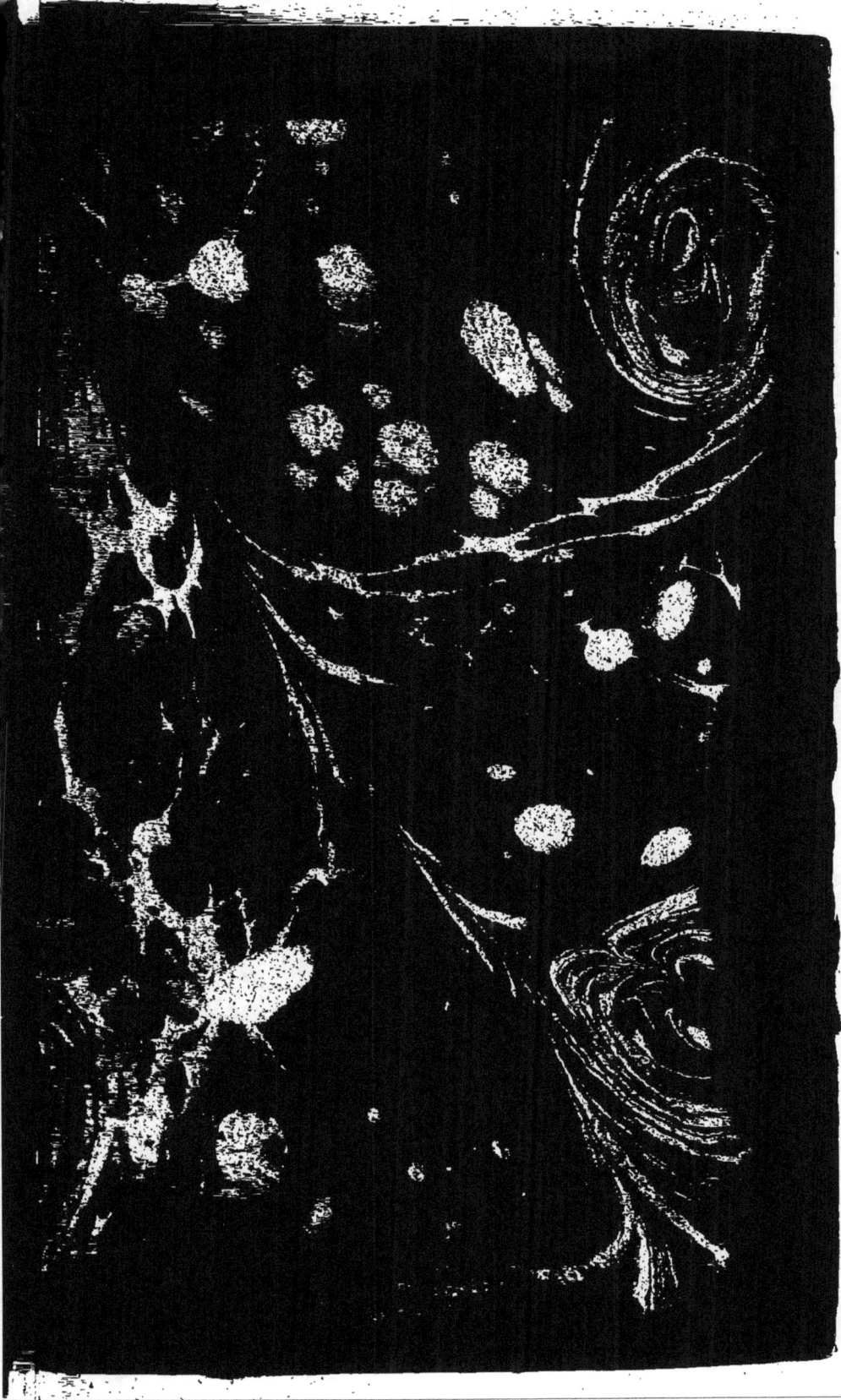

www.ingramcontent.com/pod-product-compliance
Lightning Source LLC
Chambersburg PA
CBHW060602100426
42744CB00008B/1281